「市民の時代」の教育を求めて

「市民的教養」と「市民的徳性」の教育論

For Education in 'the Age of Citizens'

梅田正己 著

高文研

もくじ

Ⅳ 「市民」を育てる教育

装丁・商業デザインセンター・松田礼一

I

「学校」と「勉強」を問い直す

1　ベストセラー『学校崩壊』にみる学校観

一九九九年二月、『学校崩壊』という本が草思社から出版されました。著者は、埼玉県の公立中学で三三年間、教師をつとめてきた河上亮一氏です。今日の教育の危機的状況にこの書名と断定的な物言いがフィットしたのか、教育書にはめずらしくベストセラーになりました。マスコミでも好評で、私が読んだ書評も例外なくほめていました。

河上氏はこの後、二〇〇〇年三月に発足し、同年一二月に最終報告をまとめた首相の私的諮問機関「教育改革国民会議」の委員として、二六人中ただ一人、学校現場から選ばれました。その理由を河上氏自身、同じ草思社から二〇〇〇年一一月に出版した『教育改革国民会議で何が論じられたか』の冒頭にこう書いています。

「私に声がかかった大きな理由は、草思社から出した『学校崩壊』という本にあるのではないかと思う。昨年（一九九九年）二月に刊行されて以来、大きな反響を呼び、取材が相次ぎ、講演は一年間に五十回を上まわった」

※「学校崩壊」の元凶はマスコミだという説

さて『学校崩壊』には、第二次大戦以前かられんめんと続くこの国の伝統的な学校観が、きわめて率直に述べられていました。それだけに、新しい学校観をつくっていく上で、この本はかっこうの素材を提供してくれているともいえます。そこで以下、具体的な文章にそくして検討してみることにします。

まず「学校崩壊」を招いた原因として、河上氏は〝新しい子ども〟の出現をあげています。ではそれは、どんな子どもたちなのか。小見出しをひろってみます。

――「ごく基本的な生活動作ができなくなった」「ひ弱な男子、手に負えない女子」「他人をひじょうに怖がる」「学校行事が成り立たなくなった」「自分の頭で考えられなくなった」「〝一人前になるため〟が通用しなくなった」「〝他人のため〟という考えがなくなった」……。

まだまだありますが、これくらいでやめます。いずれもこれまで、教育の現場で語られてきたことで、とくに目新しい指摘ではありません。

では、こうした〝新しい子ども〟はどうして生み出されたのか。親に問題がある、と河上氏は指摘します。これも本の中から見出しをひろうと――「保護者会に見る『この親にしてこの子あり』」「子どもを、学校をだめにする母親パワー」……。

　そして、こうした親たちの背後には、社会全体の変化がある。それをあおっているのがマスコミによる「学校たたき」だというのが、河上氏の主張です。このあたりから、きわめてユニークな論の展開となります。

「学校たたき」。何ともすざまじい表現ですが、要するに学校批判のことです。河上氏によると、一〇数年前からマスコミは「学校たたき」をやるようになった。「いちばん最初に問題になったのは体罰だった。最初のうちはケガをさせるようなものが問題になったが、そのうちに、教師が手をあげること自体が問題になっていった」（一四六頁）

　学校教育法一一条には「校長及び教員は、教育上必要があると認めるときは……学生、生徒及び児童に懲戒を加えることができる。ただし、体罰を加えることはできない」と明記されています。しかし河上氏にとってこの条文は、非現実的なただの〝きれいごと〟にすぎないようです。

「その後、戸塚ヨットスクール事件が起こり、マスコミは体罰追放の大キャンペーンを展開した。戸塚ヨットスクールは不登校や家庭内暴力の子どもたちを集め、自分ひとりでヨットを操らなければならない状況に置いて、生きる力を引き出そうとするものだった。しかしマスコミは、そのような教育的側面はいっさい無視し、訓練中の体罰、事故死のみ

を大々的にたたいた」(同前)

まるで訓練中の体罰は当然、事故死だから仕方がないではないか、といわんばかりの口調です。以下、マスコミに対する氏の〝被害意識〟はエスカレートし、次のように一般化されます。

「やがて、学校でやっているすべてのことがやり玉にあげられるようになった。教師の活動について、子どもの人権、自由、平等、個性尊重という理念を持ち出し、多少でもそれからの逸脱があると思えば、なんでも告発するようになったのである」(同前)。

では、それに対して、教師の側はどうしたか。沈黙するしかなかった、と河上氏はいいます。

「自由とか人権というヨーロッパ近代の理念は絶対的な〝正義〟であるから、教師の側が教育の論理で対抗することなど、とてもできることではなかった。結局、沈黙するしかなく、教師の言い分がメディアにとりあげられることなどほとんどなかったのである」(同前)

その結果、どうなったか。

「きみは未熟で、まだ一人前の社会人ではないのだから、学校で学ばなければならないんだ、学校というところは修行の場なんだから、人権というものがすべて保障されるわけではないんだよ、街中とはちがうんだよといったことはとても言えなくなってきた。昔は『きみは子どもだから』というのが通ったのだが、いまはそれが通用しなくなったのである。生徒が、自由とか人権を盾にして向かってきた場合、教師は大きく後退せざるをえなくなったのだ」（一五〇―一五一頁）。

こうして――「この十数年の学校たたきは、学校を市民社会化し、街中に近い状態にしてきた。その結果、〝荒れる学級〟や校内暴力が増加しているのである。教育力も大きく低下している」（一七九頁）。

※自由や人権に対する反感・敵視

この本の構成は四部から成っています。その最後の第4部のタイトルが「マスコミが学校崩壊にあたえた影響」でした。つまり河上氏は、マスコミの学校批判こそが学校崩壊の最大の犯人だと指弾しているわけです。

でも問題は、氏のマスコミ批判そのこと自体にあるのではありません。マスコミも当然、批判されるべき点はいくらもあります。問題は、河上氏が、マスコミが学校批判のさいに持ち出す価値基準は「子どもの人権、自由、平等、個性尊重」といった理念であり、「多少でもそれから逸脱があると思えば、なんでも告発するようになった」と言い、「その自由とか人権というヨーロッパ近代の理念は絶対的な〝正義〟であるから、教師の側が教育の論理で対抗することなど、とてもできることではなかった」と述べていたことです。

子どもの人権や自由が侵害された事実をマスコミがキャッチして、それを報道する(「告発」する)、それがけしからんのだ、と河上氏は言っているのです。ここには明らかに、人権や自由に対する敵意が感じられます。「教育」にとって人権や自由は邪魔なものという意識が明瞭に読み取れます。ちなみにこの部分の小見出しは「自由・人権第一が教育力を低下させた」となっています。

しかし基本的人権は、平和主義、国民主権と並んで、日本国憲法をつらぬく原理です。つまり「人権、自由、平等、個性尊重」などは、日本国憲法を構成する最も重要な価値の基軸にほかなりません。あえて引用しますが、憲法一一条にはこう書かれています。

第一一条　国民は、すべての基本的人権の享有を妨げられない。この憲法が国民に保障する基本的人権は、侵すことのできない永久の権利として、現在及び将来の国民に与へられる。

そして以下、「奴隷的拘束および苦役からの自由」(一八条)、「思想及び良心の自由」(一九条)、「信教の自由」(二〇条)、「集会・結社・表現の自由」(二一条)、「居住・移転・職業選択の自由、外国移住・国籍離脱の自由」(二二条)、「学問の自由」(二三条)などの市民的自由の保障が列挙されています。
また一四条には、法の下の平等が、こう明確にうたわれています。

第一四条　すべて国民は、法の下に平等であって、人種、信条、性別、社会的身分又は門地により、政治的、経済的又は社会的関係において、差別されない。（二、三項略）

さらにこの一つ前の第一三条では、「すべて国民は、個人として尊重される」と言明され、その「生命、自由及び幸福追求」の権利については「立法その他の国政の上で、最大の尊重を必要とする」と述べられています。「個人の尊重」が「個性の尊重」に重なることはいうまでもありません。

河上氏はまた、「人権とか自由というヨーロッパ近代の理念」と述べていました。人権や自由が、イギリス革命やアメリカ独立革命、フランス革命をへて社会的に確立されていったことはその通りでしょう。しかし、それらはいまや世界的に普遍化され、人類史をおしすすめる理念として確立されています。げんに日本国憲法でも九七条で、「基本的人権の本質」がこう定義されています。

第九七条　この憲法が日本国民に保障する基本的人権は、人類の多年にわたる自由獲得の成果であって、これらの権利は、過去幾多の試練に堪へ、現在及び将来の国民に対し、侵すことのできない永久の権利として信託されたものである。（傍点、筆者）

基本的人権が世界共通の理念となっていることは、第二次世界大戦後の国際連合（国連）の歩みを見ても明らかです。一九四八年の世界人権宣言から出発した国連の人権確立へのとりくみは六六年に国際人権規約として結実しますが、これと並んで国連総会では、六〇年に「子どもの権利宣言」、六五年に「人種差別撤廃条約」、六七年に「女性差別撤廃宣言」が採択され、さらに子どもと女性についての宣言は、「女性に対するあらゆる差別の撤廃に関する条約」（七九年）、「子どもの権利条約」（八九年）として条約化されました。このほかにも一九八一年が国際障害者年に、九三年が世界の先住民の国際年に指定されました。

つまりこの半世紀の国連の歩みは、社会的弱者やマイノリティーを視野に入れつつ人権の確立と拡大をめざした歩みだったといえます。人権や自由は「ヨーロッパ近代の理念」などというのは、第二次大戦以前、つまり日本国憲法以前に逆戻りした、とんでもない時代錯誤というしかありません。

河上氏は社会科の先生です。当然、憲法も教えます。じっさい、この本の第3部で、「私は授業をこんなふうにやっている」一例として、憲法の授業を紹介しています。その社会科の先生、しかも「憲法尊重擁護義務」（九九条）を課され、教職につく際にはそのことを誓約したはずの公務員が、憲法に対してこういう認識をもっているのです。暗澹とした気分になるのは私だけではないはずです。

※権威と権力に固執する〝教育の論理〟

しかし――以上の批判に対しては、河上氏は恐らく承服しないはずです。なぜなら河上氏も、人権や自由を正面から否定しているわけではないからです。先の引用にも「自由とか人権というヨーロッパ近代の理念は絶対的な〝正義〟であるから……」とありました。「絶対的な〝正義〟」という言い方は多分に嫌みを含んでいますが、それが否定できない〝正義〟だということは認めているのです。だからこそ「教師の側が教育の論理で対抗することなど、とてもできることではなかった」というのです。

では、自由や人権に「対抗する」「教育の論理」とは、いったいどういう「教育の論理」なのでしょう。そのことを河上氏は、つづく引用の中でこう述べています。

「きみは未熟で、まだ一人前の社会人ではないのだから、学校で学ばなければならないんだ、学校というところは修行の場なんだから、人権というものがすべて保障されるわけではないんだよ、街中とはちがうんだよといったことはとても言えなくなってきた」

つまり学校は「修行の場」という特別の場であって「街中」とはちがう、というわけです。そのことを河上氏は、学校は「市民社会から距離をとって教育の論理で動く場」（一七九頁）ともいっています。

この考え方は、実は河上氏の独自の考え方ではありません。むしろ日本の教育界では伝統的かつ支配的な考え方ともいえます。教科書検定でも、「学問の自由」や「学界の定説」に対抗して調査官（文部省）が持ち出す〝伝家の宝刀〟が「教育的配慮」というものでした。つまり、研究者の間ではその説が主流かも知れないが、発達途上にある児童・生徒に対しては「教育的配慮」が必要だから、こういう記述は適切ではない、削除・変更が望ましい、というわけです。

法理論の中に「特別権力関係論」というのがあります。もともとは監獄や精神病院での「看守」と「囚人」、病院での「医師」と「患者」の関係などをもとに組み立てられた包括的な支配・服従関係をさします。つまり、「囚人」や「患者」にも潜在的には基本的人権があるのだけれども、刑罰として収容されている監獄や、治療の必要のため入院している病院では、その人権や自由が制限されるのは当然であり、「囚人」は「看守」に絶対服従し、「患者」は「医師」の指示に従わなくてはならない、というのです。

河上氏の考え方はこの「特別権力関係論」に酷似しています。生徒は「未熟」で「まだ一人前の社会人」ではなく、学校という「修行の場」で学ばなければならない身なのだから「人権というものがすべて保障されるわけではない」というのは、まさしく「特別権力関係論」にほかなりません。ここでは、子どもは「囚人」に当たり、教師は「看守」の位置に立つわけです。

そのことを河上氏は、こうも述べています。

「学校というところは、大人の社会の文化を生徒に組織的に教える場である」「そこで学校では、生徒が教師の言うことを聞くという関係がどうしても必要になってくるのである。それが教師の〝権威〟であり、それは地域の大人たちの共同性によって支えられていたものであった」「学校はもともと生徒を抑圧するところであり、それなしに教育など成り立つわけがない」（一七二頁）

この「特別権力関係論」は一九六〇年代、全国各地でいわゆる教育「正常化」が強行されたさいに援用された〝理論〟でもありました。ただそこでの〝権力関係〟は「教師」対「子ども」ではなく、「管理職」対「教員」でしたが、その結果、教育の現場がきわめて息苦しいものになっていったことは年配の人たちなら記憶しているはずです。

しかし現在の法律学の常識では、この「特別権力関係論」は、法治主義と基本的人権尊重を原理とする日本国憲法の下ではその概念そのものに疑念があり、否定的な意見が強いといいます。受刑者といえども、その人権は出来る限り尊重されなくてはならないとされているのです。

まして子どもは、受刑者ではありません。憲法に保障された基本的人権に、「ただし子どもは除く」という留保などいっさいありません。子どもであっても、「幸福追求権」は保障され、「奴隷的拘束および苦役からの自由」も保障され、「思想及び良心の自由」「集会、結社及び一切の表現の自由」も保障されているのです。

そしてさらに「子どもの権利条約」でも、子どもの「意見表明権」（一二条）、「表現・情報の自由」（一三条）、「思想・良心・宗教の自由」（一四条）、「結社・集会の自由」（一五条）などが保障されました。日本政府もこの条約を批准し、一九九四年五月に発効しました。「生徒は教師の言うことを黙って聞かなくてはならない」といった「特別権力関係論」まがいの主張は、国連を中心とした人権史の流れから見れば、もうとうに葬り去られているのです。

はじめに紹介したように、河上氏はこの本で子どもたちが変わり、その親たちも変わったことを、るる力説しています。ところが奇妙なことに、教師である河上氏だけはまったく変わらず、変わろうともしていないのです。

いっさいの人間の営みがそうであるように、教育もまた、状況が変わり、対象（子どもたち）が変われば、その〝思想と方法〟を変えていくのは当然です。状況そのものが大きく変わったのに、自分は一歩も動かず、時代遅れの〝権力関係〟にしがみついて、ただ子どもをののしり、親の悪口を言いつのっていたのでは、教育はさらに荒廃を深めるだけです。河上氏の「学校崩壊」は、何よりもそうした「学校観」「教育観」の崩壊を示したものとして読むべきではないでしょうか。

※「強制的」「暴力的」「抑圧的」な学校観

ところで、強気で自信満々の河上氏が、この本で一カ所だけ心もとない記述をしている所があります。不登校についての記述です。

「なぜ不登校がふえてきたのか。いろいろな事情が複雑にからみあっているから、よくわからないというのが正直なところだ」（五二頁）

たしかに不登校の問題はむずかしく、さまざまの要因を列挙してそれで明快に割り切るのは、むしろ危険だともいえます。しかしこの本の著者紹介を見ると、河上氏は「プロ教師の会」の主宰者です。著書に『プロ教師の道』『プロ教師の生き方』といった本もあります。その「プロ教師」が、いまや文部省の調査で一三万人、しかも児童・生徒の総数は減少しているのに逆に年々増加をつづけている不登校の問題について「よくわからないというのが正直なところ」と言うのは、いかにも残念です。不登校の問題は、今日の日本の学校教育がかかえている問題の最も鋭い露頭であり、この問題と正面から向き合うことを抜きにして、学校改革を論じることはできないと思うからです。

さて、河上氏は不登校について「よくわからないというのが正直のところ」と述べていました。しかしこの河上氏の本を読むと、不登校を生み出す背景がかなり明瞭に浮かび上がってくるように思えます。つまり、河上氏の説く「学校観」「教育観」が、いや応なく不登校を生み出さざるを得ない事情が、よくわかるのです。

まず、一つの不登校の事例を紹介します。戸田輝夫著『不登校のわが子と歩む親たちの記録』（高文研）の第I章に語られているケースです。

新田さんの娘、一人っ子の陽子さん（いずれも仮名）は小学校の二年生のときから学校へ行き渋ります。親の目から見ても「とてもしっかりした、元気のいい明るい娘」でしたが、「十月に入ってからは毎朝のように腹痛が起こり、学校へ行けない日が続きました」。そのため新田さんは、かつて多くの親がそうしたように「周りの見境もなく陽子の腕を引っ張ったり叩いたり、行きたくないと言って泣き叫ぶ娘を夫は腕ずくで、出勤の時間を遅らせてまでして車で連れて行」ったりします。そうして学校へ無理やり連れて行っても一時間目か二時間目で帰って来てしまい、三学期はほとんど休むことになります。

三年生になると担任が代わり、母の新田さんが付き添って行くと、休み休みではあるけれど少しずつ登校できるようになります。そして四年生になり、朝から登校できる日がふえていきます。ただ二学期の初めまでは教室で給食が食べられないので、その時間だけは母が学校へ出向いて、保健室や空き教室で給食をとります。しかしそれも必要なくなり、陽子さんは毎朝一人で登校するようになります。

ところがこの四年生の三学期、図画の時間に描いた「一年間で一番心に残った絵」で、陽子さんは実際はクリーム色の校舎を真っ黒に塗りつぶします。画用紙いっぱいに黒い校舎が描かれ、その下の方に男の子たちだけが横向きに黒で描かれ、その中に黒いコートを着た女の子が一人描かれ——それが陽子さん自身でしたが——真っ赤なランドセルを背負って立っているという絵でした。あとでわかったことですが、この時期、陽子さんはクラスの女の子たちから、「地獄に落ちろ」「死ね」と言われたり、上履きを隠されるなどのいじめを受けていたのでした。

この時期、新田さん親子は、児童相談所でカウンセリングを受けました。その中でわかったのは、次のようなことだったといいます。

「学校に行っていて何が一番つらかったかというと、先生が怖かったということでした。一、二年生のときの先生は、子どものことで気に入らないことがあるとすぐに怒って、いつも教科書を投げてしまうようなのです。それが見ていて怖かった、つらかったと言うんですね」

「そんな日が続いていたとすると、学級を代表するようなことをしていただけに、みんなから好かれていた陽子にはとてもつらく、堪えられなかったのでしょうね。それに、つねったり叩いたりなど、陽子の生い立ちの中ではありませんでしたし、わたしたち夫婦の間でも声を荒げた喧嘩などしたことがありませんから、それはほんとうに恐ろしかったのだと思います」

「それから、三、四年生のときの先生も怖いと言うのです。男言葉を使って、乱暴な言い方でよく怒鳴ると言うのです。確かに、わたしが廊下にいてもそうでしたね。別に気にもしないで、大きな声でぞんざいな言葉を平気で使っていましたから、それが陽子には恐ろしく、不安でならなかったのです。心がふるえて怖かった、それをじっと堪えて聞いていたと、陽子は言っています」

そんな弱い子、神経の細い子ではどうしようもない、という声がすぐに聞こえてきそうです。しかし河上氏自身も、いまの中学生に見られる特徴的な傾向を、たとえば「他人をひじょうに怖がる」「すぐに傷ついてしまうようになった」「いじめに堪えられなくなった」（いずれも小見出し）と述べています。

陽子さんは一人っ子でしたが、一人っ子でなくても今はほとんどの子が長男か長女です。そして、その子たちの親もまたほとんどが長男か長女なのです。大勢のきょうだいの中で揉《も》まれて育ってきたのではありません。しかも物質的には豊かな時代です。過保護のもとで、いわゆる「自己チュー児」が生まれる条件はそろっているのです。であるなら、子どもたちが「他人をひじょうに怖がる」「すぐに傷ついてしまうようになった」のも当然のなりゆきと言わなくてはなりません。

もちろん、これは歓迎できることではありません。しかし、よしあしは別として、現実に子どもたちがそのように変わってきているのであれば、それを前提として学校のあり方や指導のあり方を考え、工夫しなくてはならないのも、また当然のことでしょう。

ところが、河上氏や、河上氏と同様の「学校観」「指導観」をもつ人たちは、そのことを認めようとしません。河上氏（たち）にとって、子どもの「ひ弱さ」や「わがまま」は力ずくでも矯正すべきものなのです。まずその現状を受け容れて、そこから徐々に解きほぐし、心とからだを開いてやり、外の世界へと導いてゆくような発想は、河上氏（たち）にはありません。そんなまだるっこしい、なよなよした指導とは無縁なのです。河上氏は、こう言い切ります。

「学校の授業は、基礎的な知識をまとめて教えるのが基本であるから、もともとたいして面白いものではない。そこを教師は、なんとか興味をもたせるためいろいろ工夫するのだが、それだけでは不十分である。そこで、たとえばテストをしたりして強制力をはたらかせ、しかたないからやるんだというところへ追い込んでいるのである。そうしたことをふまえて、学校へ行って授業を受けるのはたとえつまらなくてもやらなければいけないのだということを、親も社会も子どもにきちっとアナウンスしていないのが決定的な問題なのだと思う。これでは、しかたがないから我慢してやろう、というふうにならないのも無理はない」（二九―三〇頁。傍点、筆者）

この「強制力」が河上氏の教育論のいわばキーワードといえます。

「クラスという集団を安定させるためには、守るべき原則を無理やりにでも押しつけなければいけないと思う。そして、あの教師は怖いと思わせるような、ある種の力がなければクラスを維持していくのは無理だろう。子どもは言葉で言うことを聞くわけではない。欲望にしたがって体が勝手に動いてしまうのだから、それは力で抑えてやらなくてはいけないのである」（一三〇頁）

「学校というところは、大人の社会の文化を生徒に組織的に教える場である。生徒は自分からすすんで文化を身につけたいと思うわけではないから、教育は基本的に〝暴力的〟なものであり、大人の側がそれにひるんでしまったら、子どもは大人になることができず、社会で生きていくこともむずかしくなるだろう」（一七二頁）

「学校はもともと生徒を抑圧するところであり、それなしには教育など成り立つわけがない。私は教師はそのことを自覚して行動しなくてはならないと思っているが、『無意識のうちに生徒を抑えつける』、つまりいやでも教師の言うことを聞こうということを否定されては、学校など成り立たないのである」（同前）

要するに学校は、生徒のいやがることを「強制力」をもって無理やり〝暴力的〟に教え込むところ、「生徒を抑圧するところ」だと河上氏は断言するのです。したがって河上氏は、二〇年前の教え子から「河上はあのころはすげえおっかなくてねえ」と言われた話を誇らしく紹介し、学校には「怖い教師が必要だ」（小見出し）と主張します。

「学校の場合はとくに、父性的な要素が必要である。いやなことでも我慢してやりなさいとか、自分だけのことを考えていてはいけないというように、拒否したり、強制するような姿勢が教師の側に必要なのである。もちろん、その一方で、場合に応じて子どもたちの状況をそのまま受け入れるという母性的な要素も必要だが」（一二九頁）

「大ざっぱに言って、学校では父性的な要素が七割ぐらいないとだめだろう。家庭はその逆で、母性的な要素が七割、父性的な要素が三割ぐらいかもしれない」（同前）

先ほど紹介した陽子さんの担任はずっと女性の先生でしたが、一、二年生のときの先生は気に入らないことがあるとすぐに怒って教科書を投げ、つねったり、たたいたりし、三、四年生のときの先生も男言葉を使い、よく乱暴に怒鳴ったというのは、なるほどこの河上氏の〝学校父性優位説〟からみるとよくわかります。しかしその「父性的な要素」が、繊細で優しい陽子さんの心をふるえあがらせ、不登校へと追い込んだのでした。

いまの子どもたちが、他者とかかわることが苦手で、傷つきやすいというのは、河上氏も指摘していた通りです。一方、学校の方は、いまだに伝統的な教育観が支配的で、河上氏に代表されるような「強制的」「暴力的」「抑圧的」な指導観が深く根を張っています。他者を恐れ、ガラスのように壊れやすい子どもの心に、「強制的」「抑圧的」な学校が不安で居心地の悪い空間として映るのは、ごく自然なことでしょう。

社会・経済状況の変化とともに変わっていく子どもたちと、依然として変わらない学校――。この落差の間から、不登校は生み出されたといえます。そして今後も、子どもが変わりつづけ、あるいは傷つきやすい子どもがふえていくのに対し、「強制的」「抑圧的」な学校が変わらないとしたら、この落差はさらに広がり、不登校の数は年々更新されていくことになるでしょう。

※日本の社会を一変させた高度経済成長

西暦二〇〇〇年を前にして、ドイツの財界に近いＩＷ経済研究所が発表した興味深い調査結果があります。西暦一九〇〇年から一九九九年までの百年間の国民一人当たりの実質経済成長率を、各国の実質国内総生産（GDP）をもとに算出した「先進二〇カ国の比較調査」です（共同通信配信、朝日新聞一九九九年一一月二六日付）。

それによると、日本が一六六〇％で群を抜いてトップでした。二位以下は、ノルウェーが一〇九〇％、フィンランドが一〇一〇％、イタリアが九一〇％とつづきます。またアメリカは五三〇％で一四位、最下位はイギリスの二九〇％でした。

つまり二〇世紀の百年間で、日本の国民一人当たりの実質所得は一六・六倍になったということです。一九〇〇年は明治三三年です。翌々年、日本は当時世界で最大の覇権国だったイギリスと日英同盟を結び、それを後ろ盾にその翌々年、大国ロシアと日露戦争を戦ったのでした。以後一世紀、イギリスが二・九倍の経済成長だったのに対し、日本は一六・六倍もの実質成長をとげたというのです。

この百年間で日本を変えた最大の政治的な事件は、もちろん第二次世界大戦での敗戦であり、それにつづく新憲法の制定を軸にした政治体制の変革でした。では、社会・経済的な変化のエポックとなったのは何かといえば、一九六〇年代の高度経済成長だったといえます。敗戦後の経済改革でも、たとえば財閥解体や農地解放などがありましたが、しかし日本人の経済行動や価値観を変えるほどではありませんでした。それを変えたのは、敗戦から一五年をへて始まった経済の高度成長です。

一九六〇年七月、日米安保条約の改定を強行して退陣した岸内閣のあとに登場した池田内閣は、「所得倍増計画」をかかげ、高度経済成長路線を突っ走ります。その直前、日本の政府と産業界は石炭から石油へとエネルギー源を転換させる政策を打ち出していました。明治の殖産興業も、戦後の産業復興も、筑豊や夕張の石炭によってささえられてきたのでしたが、その石炭を切り捨て、安価で使いやすい石油へと切り替えたのです。炭鉱では容赦ない人員整理が強行され、それに対して生活をかけた炭鉱労働者の抵抗運動が、六〇年安保闘争が高揚する一方で展開されました。その激しさは〝総資本対総労働の対決〟ともいわれましたが、しかし〝資本の論理〟をくつがえすことはできず、多くの炭坑労働者とその家族が鉱山を追われ、その一部は移民となり南米へ移住していったのでした。

石油は日本の産業のエネルギー源になるとともに、石油化学工業の原材料を提供しました。石油化学工業の歴史は新しく、第二次世界大戦中にアメリカで合成ゴムの大量生産を契機としてその基礎が確立されます。そして戦後、一九五〇年代の初めころからドイツ、イギリスを中心にヨーロッパにも広がっていきますが、日本はそれより遅れ、本格生産に入ったのは一九五八年のことといいます（渡辺徳二・佐伯康治『転機に立つ石油化学工業』岩波新書）。

出発は立ち遅れたのですが、その後は驚くべき急成長をとげます。なにしろ一二年後の一九七〇年には早くも成長のピークに達するのです。この間、東京湾と瀬戸内海を中心に一五の巨大コンビナートが建設されてゆきました。この集中化・大量生産によって、合成繊維、プラスチック、合成ゴム、合成洗剤などの新しい素材・製品が市場にあふれ出し、家電製品や自動車、土木・建築などで使用されるとともに、食品の包装や容器、使い捨て器具などが日常生活の中で使われてゆくことになります。また農業ではハウス栽培を普及させてゆくことになりました。

この石油化学工業の急成長をささえたのは、安い石油でした。日本は当時から輸入原油の大半をペルシャ湾岸にたよっていましたが、その価格はきわめて低く抑えられていました（一バレル当たり一〜三ドル）。原油の価格は原油そのものよりも、それを産地から運んでくる運搬コストの方がむしろ問題だったのです。ヨーロッパの場合は、大きなタンカーはスエズ運河を通れなかったため、遠く喜望峰を回航して運ばなくてはならず、またドイツなどの場合は工場が内陸部にあるため小さな船やタンクローリーに積み替えて運んでいかなくてはなりません。ところが日本の場合は、ペルシャ湾岸からマラッカ海峡ないしはロンボク海峡経由のオイル・ロードは喜望峰経由のヨーロッパまでよりもずっと短く、またコンビナートはすべて海岸部に立地されているので、岸壁に横付けされたタンカーからパイプラインで直接工場の生産ラインに流し込むことができたのです。

こうしていわばタダ同然の原油を、それこそ湯水のごとく使って重化学工業は急ピッチの拡大をとげ、また日本経済総体も高度成長の急坂を駆け上っていったのでした。それと同時に、私たちの生活の中に、使い捨て製品、ワンウェイ容器、過剰包装が浸透し、大量生産・大量宣伝・大量消費に規定された生活様式が定着していきます。

※変わった価値意識・変わらない学校観

そうした中で、これまで長い間、日本人の生活態度や行動をささえていた価値意識も大きく変わってきます。それを示す象徴的なキャッチフレーズが、一九六〇年代後半にＣＭの中に登場した「消費は美徳だ！」という〝宣言〟でした。古いものをいつまでも使っていたのでは、経済は停滞する。適当に使ったら捨てて、新しいものに買い替えよう。そうすれば需要が拡大し、生産も活気づき、経済は発展する。節約はもはや美徳ではない。消費こそが経済繁栄を約束する美徳なのだ、というわけです。

その後一九七〇年代に入り、日本を筆頭に世界的規模で進行した経済の高度成長にも陰りがあらわれます。ローマ・クラブが『成長の限界』を発表して、資源の枯渇や環境破壊を警告したのは一九七二年のことでした。翌七三年秋には、アラブ諸国を中心とする産油国のナショナリズムの高揚により、原油の価格が一挙に引き上げられ、第一次石油危機

（オイル・ショック）が起こります。さらに七八年には第二次石油危機が引き起こされて、日本は低成長の時代へと移行してゆくのですが、しかし高度成長のもとで形作られた生活様式と価値意識は人々の中に定着し、もはや後戻りすることはありませんでした。

「消費は美徳」とのかかわりで言えば、現在も長引く不況の中で政府や経済界がくり返し説いているのは、いかにして人々の購買欲をかきたて物を買わせるか、つまり消費させるかということです。消費景気を喚起するため、子どもや老人のいる家庭に「商品券」をくばるという前代未聞の〝政策〟も決行されました。

現実には、国民は政府や経済界が望んでいるように消費には走らず、「消費は美徳」と頭から信じ込んでいるわけではありません。しかし一方、四〇年前のように「勤倹貯蓄」を生活を律する行動原理としていないこともたしかです。かつて人々の価値意識の中で核心を占めていた「勤勉」や「倹約」は、いまではだいぶ影が薄くなってきました。度を過ぎた勤勉は、日本人の働き中毒（ワーカホリック）として対日貿易赤字に悩む諸外国からも批判され、家庭をかえりみない「会社人間」や「企業戦士」は非人間的として疎《うと》まれるようになりました。こうなった背景には、この項の冒頭で述べた百年間で実質所得一六・六倍という日本の社会の変化があります。もはや「勤勉」や「倹約」が、生きてゆく上での絶対条件ではなくなったのです。

ところで「勤倹貯蓄」の価値意識は、教育の世界では「刻苦勉励」や「質実剛健」といったスローガンとして表現されていました。しかしいま、豊かな環境で育った子どもたちに「刻苦勉励」「質実剛健」を説いても、それは恐らく呪文《じゅもん》の類《たぐい》にしか聞こえないでしょう。なぜ「刻苦勉励」が必要なのか、なぜ「質実剛健」が好ましいのか、その目的と意味を理解しない限り、納得するはずがないからです。

要するに、時代が変わったのです。それなのに、河上氏が説いている学校観はこの「勤倹貯蓄」「刻苦勉励」時代の学校観とほとんど変わりません。河上氏は言います。

「知識を教えることは、基本的に生徒の個体にとっては苦業である。生徒が我慢しなければとても成り立つことではない」（三〇頁）

「学校というところは、大人の社会の文化を生徒に組織的に教える場である。……教育は基本的に〝暴力的〟なものであり、大人の側がそれにひるんでしまったら、子どもは大人になることができず、社会で生きていくこともむずかしくなるだろう」（一七一頁）

しかしいまや、少なくとも中学生くらいになれば、「なぜ」という問いに答えることを抜きにして、頭から大人の価値観を押しつけることはできません。というのも、いま人々の価値意識の中心にあるのは、「自己表現」「自己実現」であり、つまり「自分らしく生きる」ということだからです。それはまた中学生や高校生の中にも、明確に意識されているかどうかは別として、はっきり息づいているはずです。したがって、その「自己実現」の方向が見えはじめたとき、「刻苦勉励」も意味のあることとして胸に落ちるのです。

かつて第二次大戦までの日本の教育は、黙って「国家目標」に従い、「国家目標」の実現のために献身する国民の育成をめざして行なわれてきました（いまもその要素が払拭されたとは言い切れません）。それから考えれば、「自己実現」が人々の価値意識の核心を占め、そして教育が、今後の努力いかんでは子どもたちの「自己実現」をたすけ、励ますものとなり得ることはすばらしいことです。

時代が変わり、子どもたちも変わったのであれば、「学校観」「教育観」も必然的に変わらざるを得ません。そのためには、教育行政の責任者は当然として、学校教育の当事者である先生たちの意識も変わらなくてはなりません。それなのに時代錯誤の「学校観」に執着し、ましてその上に開き直るなどは論外なのです。

2　なんで「勉強」するの

※「教育は文化の押しつけ」という勉強論

学校は何のためにあるのか。もちろん、学びの場としてあるにきまっています。ところが、では、何のために学ぶのですか、と聞かれると、ひと言で明快に答えるのは容易ではありません。

朝日新聞は毎週月曜に教育の特集ページを掲載していますが、以前そこに「高橋庄太郎の目」という、高橋記者によるコラムが連載されていました。一九九九年六月二一日のコラムでこの勉強の問題が取り上げられていました。その冒頭部分だけを紹介します。

「なんで勉強なんかするの?――子どもからこう聞かれて、すらりと返答できる大人は案外少ないようだ。半年ほど前、NHK教育テレビが中学生たちの声を聞く長時間番組を放映したが、印象に残ったのは、画面上の何人もの生徒が『なんで?』と素朴な疑問を口にしていたことだ。同席の先生たちが様々に説明を試みるものの、生徒の側はピンとこない様子だった」

ある教育シンポジウムで、やはり子どもから同じ質問を受け、壇上の大人たちが答えに窮したことがありました。学校は勉強するところ、勉強がだいじだと言い、現に毎日子どもたちに教授しながら、改めて勉強の意味を問われると、子どもが納得するような答えを返せないというのは、考えてみると奇妙な話です。

しかしこの点については――再び河上氏に登場していただきますが――河上氏の答えはきわめて明快です。一部、繰り返しの引用になって恐縮ですが、河上氏はこう断言します。

「学校の授業は、基礎的な知識をまとめて教えるのであるから、もともとたいして面白いものではない。関心のない生徒にとってはとくにつまらないだろう。……そこで、たとえばテストをしたりして強制力をはたらかせ、しかたないからやるんだというところへ追い込んでいるのである」（三〇頁）

「知識を教えることは、基本的に生徒の個体にとっては苦業である。生徒が我慢しなければとても成り立つことではない。知識を学びたいという本能などないし、誰でも学びたいはずだと考えるのも現実的ではない」（八五頁）

「学校というところは、大人の社会の文化を生徒に組織的に教える場である。生徒は自分からすすんで文化を身につけたいと思うわけではないから、教育は基本的に〝暴力的〟なものであり、大人の側がそれにひるんでしまったら、子どもは大人になることができず、社会で生きていくこともむずかしくなるだろう」（一七二頁）

「教育は基本的に文化の押しつけであり、学校はそのための社会的システムである」（一

七九頁)

「もともと、義務教育の小・中学校でおこなっている教科教育は、きわめて基礎的なものであり、どんなやり方をしても『面白くない』ものだと思ったほうがいい」(一八六頁)

その「学校論」と同様、河上氏の「勉強論」もきわめて断定的です。「勉強」の「勉」の字の意味は「つとめる、はげむ」であり、「強」の字もまた「つとめる、無理じいする」という意味ですから、河上氏の「勉強論」はもともとの言葉の意味そのものということになります。

要するに勉強は、子どもが「一人前の大人」になるためのもので、いやでも我慢してやるものだ、というのです。だから、「なんで勉強なんかするの?」という問いに対しては、「一人前の大人になるためだ」というニべもない答えが返ってくるだけでしょう(もっともその河上氏も、最近は「〝一人前になるため〟が通用しなくなった」と嘆いているのですが)。

「注入主義」ということばがありました。「詰め込み主義」という言葉もあります。子どもたちの頭に知識を「注入」し「詰め込む」教え方のことをいいます。河上氏はずばり「文化の押しつけ」と言っていました。しかし、こうして一方的に詰め込まれた知識が「学力」として定着しないことは明らかです。河上氏は「テストをしたりして強制力をはたらかせ」と述べていましたが、テストのための知識は、テストがすめばいくらもたたぬうちに剥落《はくらく》してしまうことは、だれもが経験していることです。

「なんで勉強するの？」という問いかけは、具体的な根拠はないのですが、このところ子どもたちの中に広がり、深まっているような気がします。背景には恐らく、自己主張や人権意識の広がりと、一方、学校での授業の空洞化があるのでしょう。それに対し、「くだらないことを考えるんじゃない。とにかく黙って勉強すればいいんだ」と言うだけでは、子どもたちをさらに学習から遠ざけ、結果として「学校崩壊」を加速させることにしかならないでしょう。

誠実に、ていねいに、答える必要があります。そしてその答えを考えることは、先生たち一人ひとりが、自分は何のためにこの教科（科目）を教えているのか、みずからに問い返していくことにもなるでしょう。

※ヒトは学習する動物である

さて、ではこの問いに対して、どう答えればいいのか。

先の引用の中で、河上氏はこう言い切っていました。

「（生徒に）知識を学びたいという本能などないし、誰でも学びたいはずだと考えるのも現実的ではない」

本当にそうなのでしょうか。人類の発生と進化の過程を振り返ると、この断定には何の根拠もなく、むしろその逆だということが納得されるはずです。

進化の流れの中で、ヒトがゴリラやチンパンジーと分かれたのは、いまから七〇〇万年から五〇〇万年ほど前のことだといいます。裏を返せば、五〇〇万年前くらいまでは、ヒトもゴリラもチンパンジーも一緒だったということです。その証拠に、DNAの構造（塩基配列）を比べると、違いはわずか一％にすぎない。つまり、DNA構造の九九％までが一致するわけで、ヒトもチンパンジーたちも共通の祖先から、共通の遺伝子を受け継いでいるということです。

さらに、さまざまの観察や実験から、チンパンジーにも道具の使用が見られ、言語能力があることもわかっています。

こうして、サル（チンパンジー、近年明らかになったのではボノボも）は限りなくヒトに近づいてくることになり、『サルはどこまで人間か』（江原昭善編・小学館）と京大霊長類研究所の教授たちが集まってシンポジウムを開いたりもしました。

しかし、DNAの距離がどんなに接近したといっても、サルはやっぱりサルであって、ヒトではありません。いまもアフリカの密林に棲むチンパンジーと、その密林を出て、都市をつくり、ハイウエーをつくり、核分裂を発見し、月へ飛んで行った人類とは、やはり天と地の開きがあります。

では、この五〇〇万年の間に、何がサルとヒトを分けたのでしょう。

ヒトの起源を「直立二足歩行」だけに求めるのは単純すぎる、という人もあります。しかし、しろうとの私には、ヒトの進化をこの直立二足歩行から説き明かしてゆく、たとえば香原志勢《こうはらゆきなり》先生の説明がとても明快です（『人類生物学入門』中公新書）。

サルは森林で生まれたといわれます。枝をつかんだり、ぶら下がったりするために、肩の関節の運動範囲が広くなり、腕が発達しました。また樹上で休息や睡眠をとるには、横になるより体を立てて休む方が具合がいい。そこで次第に直立姿勢をとるようになったというわけです。

そしてこの直立姿勢が、直立歩行につながるとともに、脳の発達を準備します。次ページの図を見るとわかるように、イヌやウマなど四足動物の場合は頭部の重心と体の重心が分離し、頸の筋肉だけで頭部を引っ張って支えなくてはなりませんから、頭部は一定以上に重くなれません。たとえば、ハンマーをにぎった腕を斜めに突き出して支えてみればわかります。ところがヒトは、頭部の重心と体の重心が一致するので、頭部が相当に大きくなっても、らくに支えることができるのです。

やがてヒトの祖先は、森から疎開林をへてサバンナに出ます。直立二足歩行が確立する

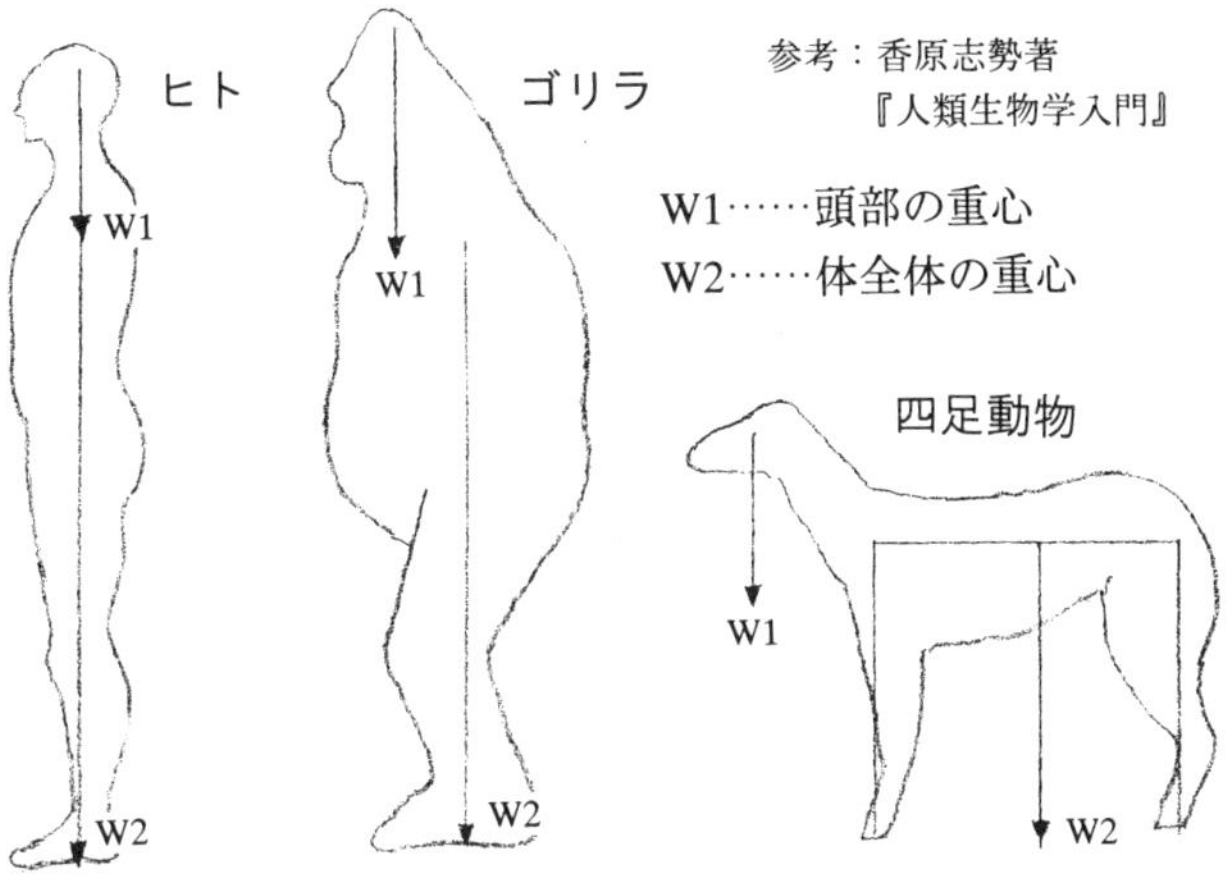

につれて、手はますます自由に使えるようになります。チンパンジーはじめ他のサルも、短い時間なら二足歩行をします。ただし、その間は手は使えない。しかしヒトは、歩きながらでも二本の手が自由に使えるようになりました。

「手は外部の脳である」といわれます。手や指の動きは、脳の働きと密接な関係があるのです。活発な手や指の動きは、木の上にいたときにもまして脳の発達をうながします。

自由な手は、やがて道具を作り出し、発達しはじめた脳は、火の使用法を発見します（およそ一五〇万年くらい前と考えられています）。石器で小さく切り裂いて火を通した食物は、柔らかくておいしく、これまでのような頑丈な歯（とくに犬歯）や、強い咀嚼《そしゃく》筋はいらなくなります。

口や顎《あご》が小さくなるにつれて、頬《ほお》や唇《くちびる》が形成されます。また、食物を噛み砕くときの衝撃から解放されて、脳頭蓋、とくに大脳前頭部がめざましく発達し、広い額《ひたい》が形成されてゆきます。さらに頬や唇の形成は、表情筋の発達とあいまって、ヒト特有の顔と表情をつくりだします。その豊かな表情が、言語とともに個体間のコミュニケーションを発達させ、複雑な「社会」の形成を準備していったのです。

この間にも、脳は発達をつづけました。脳の容積は、猿人（アウストラロピテクス）では四〇〇〜七〇〇立方センチで、ゴリラの五〇〇立方センチと大差ありません。ところが、猿人につづいて、およそ一五〇万年前ころから登場する原人類（ジャワ原人や北京原人）の脳の容積は一〇〇〇立方センチを超えます。彼らは、最初の石器製作者でもありました。そしてその後、旧人類（ネアンデルタール人）になると、脳の容積は一三〇〇〜一四〇〇立方センチに達します。現代人も、ほぼこれと同じです。

こうして、体格にくらべて小さな口と、唇、頬、そして広い額の「ヒトの顔」と、容積にしてチンパンジーの約三倍の大脳をもつホモ・サピエンス（知恵あるヒト）が生まれたというわけです。

以上の人類の進化をひと言でいえば、直立二足歩行を開始してから、いわば宿命的に脳を発達させてきたプロセスだといえます。とくに発達したのは、大脳新皮質の部分です。この新皮質では、ものを考え、学び、創造する働きをつかさどります。人類が、その大脳新皮質を極度に発達させてしまったということは、つまり「考える」「学習する」ということが人類の属性（人類固有の性質）となったということにほかなりません。「知識を学びたいという本能などない」のではなく、それとは正反対に「知りたい」「学びたい」のがヒトの本性なのです。

したがって、こう定義することができます。

——ヒトは学習する動物である。

だから子どもに、「なんで勉強なんかするの？」と聞かれたら、ひとまずこう答えておきましょう。

「それはね、きみがニンゲンだからだよ。サルなんかでないからさ」

しかし——子どもはこの答えでは満足しないはずです。というのも、学習に対する子どもの疑問は、「学習の本質」よりも「学習の現状」から発したものにちがいないからです。そこで、もっと踏み込んで考えてみる必要があります。

※学習への〝懐疑〟を生み出すもの

ヒトが学習する動物だということは、別に人類の進化のあとをたどるまでもなく、幼児を見ればわかります。言葉を覚え、歩くことを覚えていく過程は、真似《まね》——学《まな》ぶ過程そのものだからです。少し大きくなると、「これは何？」「あれは何？」と親を質問責めにしたりもします。人はだれでもそうやって成長してきたのです。

にもかかわらず、小学校も中学年くらいになると、なぜ学習（勉強）が苦役になるのか。なぜ、「なんで勉強なんかするの？」と疑問を抱くようになるのか。さらに中学生や高校生になると、なぜ学習を放棄してしまうのか——。

三つのことが考えられます。

第一は、学習が評価の対象にされ、しかも他人との比較の対象にされるからです。優劣をつけるためのテストがあり、結果が悪いと「おまえはだめだ」と決めつけられるからです。その強迫観念が強ければ、新しいことを知り得た喜びも、わからなかったことがわかった喜びも消え失せてしまいます。

第二は、教え方の問題です。たとえば小さく、くぐもった声でボソボソ説明されたのでは、聞いているのがいやになります。あるいは、少しつまずくとすぐに怒り出して、声を荒げ、あげくに教科書を放り投げられたりしたのでは、反感がつのるだけです。教材ひとつ用意せず、教科書の棒読み、これも話になりません。導入の工夫もなく、メリハリもなく、予定の進度をただ消化するだけの授業も退屈きわまりないものです。要するに、脳細胞を活性化しない授業はつまらないし、子どもに苦痛を与えるだけで、学習から遠ざけてしまうのです。また、子どもがわからないのを放置するのも問題です。一つのつまずきが次のつまずきを招くことになり、そのつまずきがまた次のつまずきを招いて、やがて子どもの学習放棄を生み出すことになるからです。

そして最後は、学校で学習する中身の問題です。これは高校生ですが、授業についてこう書いてきた生徒がいます。

「高校の授業に期待はしません。高校の授業は本当に『学び』なのでしょうか。半分以上は『学び』ではないと思います。それを勉強してどうするの?という教科もあります。高校の勉強＝受験の勉強……仕方ない、と言えばそれまでですが、必要のない、自分の役に立たないと思ったものは、正直、やりたくないです。無駄な気がしてしまいます」（静岡／I・Tさん。高文研『月刊ジュ・パンス』一九九九年五月号）

中学生くらいになるとだれでも、好きな教科、嫌いな教科が出てくる、この生徒はただ、自分の嫌いな教科を必要がない、役に立たないと思っているだけではないか、という反論もあるかも知れません。しかし彼女が、ある教科（科目）について、必要がない、役に立たないと思っていることは事実なのです。この事実は、謙虚に受けとめる必要があります。この教科（科目）を学ぶこと（教えること）が、生徒のこれからの人生にとってどういう意味があるのか、そのことを根底から問いなおしてみる時期に来ていると思います。その苦しい作業を抜きにして、ただ制度だけを手直しするのでは、学校の再生も新しい教育の創造もあり得ない、と私は考えています。

ともあれ、こうした阻害要因が子どもたちの日々の学習をひからびさせ、意欲を奪い、その当然のなりゆきとして学習（勉強）に対する子どもたちの懐疑を生み出していると思われます。

※「学ぶこと」の原初の喜び

しかし、もともとヒトは学習する動物なのです。学ぶことが好き、というより学ばずにはおれない存在なのです。

太宰治の作品で「I can speak」という短編——というより掌編《しょうへん》小説があります。昭和一四年（一九三九年）、日中戦争がつづいている中で発表されたものです。

その前年の秋、薬物中毒による荒廃した日々からようやく立ち直った太宰は、山梨の御《み》坂峠《さか》へ行き、富士を真正面に見る茶店の二階を借りて創作に専念します。のちにここでの三カ月の滞在から、名作「富嶽百景」が生まれました。

やがて冬になり、御坂の寒気が耐えがたくなったので、太宰は甲府に降り、街はずれの下宿屋を借りて創作をつづけます。日当たりのいい部屋で原稿用紙に向かっていると、若い女性たちの歌声が聞こえてきます。小路《こうじ》ひとつへだてた向こうが製糸工場で、女工さんたちが作業をしながら歌っているのです。中に一人、きわだっていい声があって、一人で孤独な創作をつづけている作家を慰めてくれます。

そんな日々の中でのある夜のことです。

「二月、寒いしずかな夜である。工場の小路で、酔漢の荒い言葉が、突然起った。

——ば、ばかにするなよ。何がおかしいんだ。たまに酒を呑んだからって、おらあ笑われるような覚えは無え。I can speak English. おれは、夜学へ行ってんだよ。姉さん知ってるかい？ 知らねえだろう。おふくろにも内緒で、こっそり夜学へかよっているんだ。偉くならなければ、いけないからな。姉さん、何がおかしいんだ。何を、そんなに笑うんだ。こう、姉さん。おらあな、いまに出征するんだ。そのときは、おどろくなよ。のんだくれの弟だって、人なみの働きはできるさ。嘘だよ、まだ出征とは、きまってねえのだ。だけども、さ、I can speak English. Can you speak English? Yes,I can. いいなあ、英語って奴は。（略）」

「私は、障子を少しあけて、小路を見おろす。はじめ、白梅かと思った。ちがった。その弟の白いレンコオトだった。

季節はずれのそのレンコオトを着て、弟は寒そうに、工場の塀にひたと背中をくっつけて立っていて、その塀の上の、工場の窓から、ひとりの女工さんが、上半身乗り出し、酔った弟を、見つめている」

文中に「出征」が近いとありますから、この弟はすでに満二〇歳の徴兵検査を過ぎています。二年間の兵役も終えているのでしょう。恐らく貧しい家庭に育った彼の十代にはいろいろとあって、母や姉の手を焼かせたこともあったのかも知れません。しかし二〇歳も過ぎ、思うところがあって夜間中学に入り、はじめて英語を学びました。その彼が、しみじみと言うのです。「I can speak English. ……いいなあ、英語って奴は」。

日中戦争の当時ですから、「出征」して赴くのは中国大陸です。中国では英語は使えません。海外旅行などは庶民にとって夢想もできない時代です。仕事の上でも、彼が商社などに入ることはあり得ないでしょうし、コンピューターなどはまだ出現していませんから、英語を使う場面は考えられません。

しかし彼は、英語を学び、「いいなあ、英語って奴は」と心から思うのです。おそらく彼は、日本語とは異なる文字、発音、リズムをもつ英語という言語にふれ、そこに新しい未知の世界が開かれるのを生きいきと感じ取ったのでしょう。ここには、純粋に「知ること」だけの喜びがあります。何かの必要のためとか、役に立つからといった功利性を超えた、「学ぶこと」の原初の喜びが脈打っています。だから、作者の太宰もこの後に書いていました。

「……弟の顔は、黒く、幼い感じであった。I can speak というその酔漢の英語が、くるしいくらい私を撃った。……ふっと私は、忘れた歌を思い出したような気がした」

未知の世界を知る、分からなかったことが分かる、これまでバラバラだったことが一つにつながって像を結ぶ——そこには文句なしに喜びがあり、充足感があります。だから学ぶことは、それ自体が喜びであるはずなのです。

だからまた、日々そうした喜びを感じているとすれば、「なんで勉強なんかするの?」という疑問が湧き出るはずはありません。充実した日々を生きている人の心に、「人は何のために生きているのか?」という懐疑は浮かんでこないのと同じです。

それなのに、なぜ多くの子どもたちの中に「なんで勉強するの?」という疑問が生じるのか。それは、人が生まれながらに持っている知的欲求と、現実の学習との間に、深い断絶があるからです。学校での学習と、子どもたちの知的欲求とがすれちがっているからです。つまり日常の学習が子どもたちの知的欲求に応えていないからです。

したがって問題は、「なんで勉強なんかするの?」という問いかけそのものにあるのではありません。「なんで勉強なんかするの?」という問いかけを発生させた学習(授業)の現実にこそあるのです。

これが実は、この問いかけにひそむ厄介さの正体です。子どもたちが「なんで勉強なんかするの？」と問いかけることで求めているのは、学習の目的についての事あらためての説明ではなく、「もっと学ぶ喜びが体験できる授業をやってほしい」ということにほかならないからです。

子どもたちの切実な要求に、全力で応えなくてはなりません。それには、いまの教科・科目の構造・内容も含め、根底から検討してみる必要があります。その努力をサボタージュして、「テストをしたりして強制力をはたらかせ」るような安易なやり方をつづけていたら、子どもたちの失望・絶望はいよいよ深まり、それこそ「学校崩壊」が現実になっていくでしょう。

Ⅱ

国家主義教育の終わり

✣日本近代教育の歩み(本書関連)

• 1868(明治1)	戊辰戦争、江戸城開城、明治改元.
• 1872(〃 5)	『学問のすゝめ』初編発行.「被仰出書」「学制」公布.
• 1882(〃 15)	「軍人勅諭」発布.
• 1882(〃 19)	帝国大学令、小学校・中学校・師範学校令公布.
• 1889(〃 22)	大日本国憲法発布、衆議院選挙法公布.
• 1890(〃 23)	「教育勅語」発布.
• 1894(〃 27)	日清戦争(～95)
• 1904(〃 37)	日露戦争(～05)
• 1907(〃 40)	小学校令改正、義務教育を2年延長して6年制に.
• 1910(〃 43)	韓国併合.
• 1914(大正3)	第一次世界大戦(～18)
• 1925(〃 14)	陸軍現役将校学校配属令公布(配属将校による学校教練開始)
• 1931(昭和6)	9月、柳条湖事件、満州事変へ.
• 1937(〃 12)	7月、盧溝橋事件、日中全面戦争へ.
• 1941(〃 16)	12月、対米英開戦、アジア太平洋戦争に突入.
• 1944(〃 19)	学徒勤労令公布、中1以上の全学徒を軍需工場等に動員.
• 1945(〃 20)	8月14日、ポツダム宣言受諾、15日、「終戦」の「玉音放送」
• 1946(〃 21)	11月、日本国憲法公布.
• 1947(〃 22)	3月、教育基本法・学校教育法公布. 4月、新制中学発足.
• 1948(〃 23)	4月、新制高校発足. 6月、国会で教育勅語排除決議.
• 1950(〃 25)	朝鮮戦争勃発(～53)
• 1951(〃 26)	9月、対日講和条約・日米安保条約調印(52年4月、講和条約発効. 11月、天野貞祐文相、「国民道徳実践要領」発表.
• 1956(〃 31)	新教育委員会法(公選制から任命制へ)強行可決.
• 1960(〃 35)	安保闘争激化. 6月、新安保条約自然承認.
• 1963(〃 38)	経済審議会、「人的能力開発の課題と対策」答申を発表.
• 1965(〃 40)	中教審、「期待される人間像」中間草案発表. 家永三郎東京教育大教授、教科書検定訴訟を起こす.
• 1967(〃 42)	祝日法改正、戦前の紀元節が「建国記念の日」として復活.
• 1979(〃 54)	元号法公布・施行.
• 1984(〃 59)	中曽根内閣の下、臨時教育審議会(臨教審)発足.
• 1985(〃 60)	文部省、全国の小・中・高校の卒業式・入学式での日の丸・君が代の調査結果を発表、以後この問題が大きく浮上する.
• 1994(平成6)	子どもの権利条約発効.
• 1999(〃 11)	8月、国旗・国歌法制定.
• 2000(〃 12)	12月、「教育改革国民会議」最終報告提出.
• 2001(〃 13)	4月、「新しい歴史教科書をつくる会」の教科書、検定に合格.

前章で河上亮一氏のベストセラーを素材に、これまでの日本の伝統的な「学校観」「勉強観」がもはや破産状態にあることを見てきました。新しい学校像、新しい学習のあり方を求めていかなくてはなりません。

しかし、新しい教育を構想するといっても、すべてを白紙に戻して、そこから理想の学校をつくるというわけにはいきません。私たちは連続した歴史の中で生きており、今日《こんにち》の学校もまた歴史の中でつくられてきたものだからです。

新しいものをつくりだそうとするときには、まず過去を振り返ってみることが必要です。過去の歩みがどのようなものであり、そこにどのような問題があったかを明らかにすることによって、取り組むべき課題も明確になるからです。これまで中教審答申をはじめ数多くの教育改革案が示されてきましたが、いずれを見ても歴史的考察は十分ではありませんでした。歴史的考察を欠いた改革案は、必然的に〝思いつき〟に終始します。

そこで次に、私なりに日本の近代教育の歩みを振り返ってみることにします。専門研究者でもないものがこのようなことを試みるのはほとんど〝暴挙〟に近いことでしょうが、それでもこの中から克服すべき課題は明瞭に見えてくるはずです。

明治初期の古い文章が出てきますが、初めの方だけですのでご辛抱ください。

1　日本の近代教育一三〇年をつらぬくもの

※『学問のすゝめ』にみる立身出世主義と国家主義

日本の近代教育は、よく知られているように一八七二（明治五）年の「学制」の公布にはじまります。それは、理念を述べた太政官（＝内閣）布告「学事奨励に関する被仰出書《おおせいだされしょ》」と、具体的な制度について述べた文部省通達からなりますが、「被仰出書」にはこう書かれていました。

「人々自ら其《その》身を立て其《その》産を治め其《その》業を昌《さかん》にして以《もつ》て其《その》生を遂《とぐ》るゆゑんのものは、他《た》なし、身を脩《おさ》め知を開き才芸を長《ちょう》ずるによるなり」

「人能《よ》く其《その》才のあるところに応じ勉励して之《これ》に従事し、しかして後初《はじめ》て生を治め産を興し、業を昌《さかん》にするを得べし。されば学問は身を立《たつ》るの財本《ざいほん》ともいふべきものにして、人たるもの誰か学ばずして可ならんや」（句読点は引用者。以下同じ）

ここに見られるのは、個人の立身出世のための学問、家業繁栄のための学問の奨励です。ところが、このように個人のための学問の必要を説きながら、末尾では「被仰出書」は次のように宣言します。

「今般、文部省に於て学制を定め追々《おいおい》教則をも改正し、布告に及ぶべきにつき、自今《じこん》以後一般の人民――華士族、農工商及婦女子――必ず邑《ゆう》（＝村）に不学の戸《こ》なく、家に不学の人なからしめん事を期す。人の父兄たるもの宜《よろ》しく此《この》意を体認し、其《その》愛育の情を厚くし、其《その》子弟をして必ず学に従事せしめざるべからざるものなり（……幼童の子弟は男女の別なく小学に従事せしめざるものは其《その》父兄の越度《おちど》たるべき事）」

つまり、学問は個人のためといいながら、親は必ず子どもを学校に通わせなくてはならないと、就学を強制しているのです。ここに、当時の政府が、教育は個人の立身出世のためであると同時に、国家のためであると考えていたことがうかがわれます。

この「被仰出書《おおせいだされしょ》」が出されたのは先に述べたように明治五年の八月、その主張は同年二月に出版された福沢諭吉の『学問のすゝめ』初編を下敷きにしたものといわれます。じっさい、当時文部省にあって、いまでいえば初等中等局長ないしは文部事務次官の地位にあった田中不二麿は、そのころすでに「三田の文部省」と呼ばれていた福沢諭吉のもとにしばしば出入りし、福沢の意見を聞いていたと伝えられるほか、多くの研究者がそのことを指摘しているとのことです（安川寿之輔『増補・日本近代教育の思想構造』新評論）。

『学問のすゝめ』初編に、次の一節があります（以下、引用は岩波文庫版から）。

「人は生れながらにして貴賤貧富の別なし。ただ学問を勤めて物事をよく知る者は貴人となり富人となり、無学なる者は貧人となり下人となるなり」

では、この場合の「学問」とはどういう学問か。福沢がすすめるのは、よく知られているように「実学」です。

「専《もっぱ》ら勤むべきは人間普通日用に近き実学なり。譬《たと》えば、いろは四十七文字を習い、手紙の文言《もんごん》、帳合の仕方、算盤《そろばん》の稽古《けいこ》、天秤《てんびん》の取扱い等を心得、なおまた進んで学ぶべき箇条は甚《はなは》だ多し」

つづいて地理学、究理学、歴史、経済学などにふれた後、福沢はこう説きます。

「右は人間普通の実学にて、人たる者は貴賤上下の区別なく皆 悉《ことごと》くたしなむべき心得なれば、この心得ありて後に士農工商各々《おのおの》その分を尽《つく》し銘々《めいめい》の家業を営み、身も独立し家も独立し天下国家も独立すべきなり」

ここで、個人の独立に重ねて、「国家」の独立が登場します。そしてこの後、例の有名な一節――「理のためにはアフリカの黒奴にも恐れ入り、道のためにはイギリス、アメリカの軍艦をも恐れず、国の恥辱とありては日本国中の人民一人も残らず命を棄てて国の威光を落さざるこそ、一国の自由独立と申すべきなり」を含めて、国の独立と国民の責務が説かれ、最後は次のように結ばれます。

「誰か本国の富強を祈らざる者あらん、誰か外国の侮《あなどり》を甘んずる者あらん、これ即ち人たる者の常の情なり。今の世に生れ報国《ほうこく》の心あらん者は、必ずしも身を苦しめ思いを焦《こが》すほどの心配あるにあらず。ただその大切なる目当《めあて》は、この人情に基づきて先ず一身の行いを正し、厚く学に志し博《ひろ》く事を知り、銘々《めいめい》の身分に相応すべきほどの智徳を備えて、政府はその政《まつりごと》を施すに易《やす》く諸民はその支配を受けて苦しみなきよう、互いにその所を得て共に全国の太平を護《まも》らんとするの一事のみ、今余輩《よはい》の勧《すす》むる学問も専《もっぱ》らこの一事をもって趣旨とせり」

この結語に見られるように、福沢諭吉の『学問のすゝめ』は、個人の立身のために学問（実学）を学ぶことを奨励しつつ、それによって国の政治が安定して行なわれることを望み、さらに国家危急のさいは「国中の人民一人も残らず命を棄てて」国のために尽くすことを説いたものでした。

こうして日本の近代教育は、個人のための立身出世主義と、国のために尽くし報《むく》いる（報国）ことを求める国家主義によってそのレールが敷かれていったのでした。

※教育勅語に示された「臣民の道」

日本の近代教育はこのようにして始まったのですが、しかし当時の民衆には子どもを全員学校に通わせられるような条件は経済的に乏しく、またその必要性の認識も薄弱で、そのため就学率は低迷をつづけます。就学率が四〇％をこえたのは一八七八（明治一一）年のことで、ようやく五〇％台にのったのが八三（同一六）年のことでした。その内実も、男子は六七％に達していましたが、女子はその半分、三四％にすぎず、しかも就学児童の半数以上が常時欠席の状態だったといいます。しかし、「学制」を公布したといっても、まず校舎の建設、教員の養成から始めなくてはならなかったことを考えれば、これは当然の事態だったといえるでしょう。

さらに明治一〇年代に入ると、自由民権運動が高揚し、政府はその対応に追われます。ちなみに自由民権派の教育論は、天賦《てんぷ》人権説にもとづく徹底した自由主義教育論でした。政治そのものが揺れうごく中で、一八七九（明治一二）年、政府は「学制」を廃止して新たに「教育令」を公布し、翌八〇年にはそれを改正、さらに八六（明治一九）年、初代文部大臣となった森有礼によって「教育令」は廃止され、小学校令、中学校令、師範学校令など「諸学校令」が公布され、ここにようやく戦前日本の学校制度の輪郭が定まります。

この小学校令では、年限は尋常科四年・高等科四年に区分され、尋常小学校四年修了までの就学が親の「義務」と定められましたが、その「義務」とは子どもに対する義務であると同時に、国家に対して親が負わされた義務でもありました。

教育制度の枠組みを定めるとともに天皇制国家・日本の教育の精神的支柱を確立したのが、一八九〇（明治二三）年一〇月三〇日に公布された「教育に関する勅語」です。

教育勅語は、その前年二月一一日に公布された大日本帝国憲法とセットになるもので、「第一条　大日本帝国は万世《ばんせい》一系の天皇之《これ》を統治す」に始まる帝国憲法に対応して、天皇家（天皇制国家）への忠誠を説いたものでした。

前段ではまず、「爾《なんじ》臣民、父母に孝に、兄弟《けいてい》に友《ゆう》に、夫婦相和《あいわ》し、朋友《ほうゆう》相信じ、恭倹己《おのれ》を持《じ》し、博愛衆に及ぼし」と徳目が並べられます。これらはいずれも江戸時代いらいの儒教道徳の徳目を羅列したもので、何も新しいものではありません。つづく「学を修め業を習い、以《もっ》て智能を啓発し、徳器を成就し、進《すすん》で公益を広め、世務《せいむ》（世の中の務め）を開き、常に国憲を重《おもん》じ、国法に遵《したが》ひ」というのも、先に見たように『学問のすゝめ』で福沢諭吉が説いていたことと同種のものです。以上はすべて世間一般の常識に属するもので、わざわざ天皇の名で教え込まれなければならないようなものではありません。

勅語の核心は、したがって、つづく次の一節にあります。

「一旦《いったん》緩急あれば義勇公に奉じ、以《もっ》て天壌無窮《てんじょうむきゅう》の皇運を扶翼《ふよく》すべし」

この部分の意訳は、第二次大戦前の小学六年生用の教科書『尋常小学修身書』巻六では次のようになります。

「もし国に事変が起こったら、勇気を奮《ふる》ひ一身をさゝげて、君国《くんこく》のために尽くさなければなりません。かようにして天地と共に窮《きわま》りない皇位の御盛運をお助け申し上げるのが、我等臣民の務《つとめ》であります」

教育勅語が国民に要求していたことは、この一行に尽きます。そして、これだけではあまりに一方的な要求にすぎると思ったのかどうか、日本人の祖霊信仰を利用して次の言いわけめいた言葉（ダメ押しとも受け取れますが）を付け加えるのです。

「是《かく》の如きは独《ひと》り朕《ちん》が忠良の臣民たるのみならず、又以《もっ》て爾《なんじ》祖先の遺風を顕彰するに足らん」

つまり、以上の「臣民の道」の実践は、同時におまえたち一人ひとりの祖先の遺した美風をたたえ、広めることになるというわけです。

以後、教育勅語は日本の学校教育にとって神聖不可侵の最高指令とされ、戦前の小学生たちは全員のこらずこの勅語を暗記・暗誦させられることになります。

※立身出世主義と就学率・進学率の上昇

教育勅語の公布のあと、児童の就学率は着実に上昇し、とくに一八九四～九五（明治二七～二八）年の日清戦争をはさんで男子は八〇％台、女子も七〇％台へと急ピッチで伸びていきます。そして日露戦争の終わった一九〇五（明治三八）年には男子九八％、女子も九三％となり、「韓国併合」の一九一〇（明治四三）年には男子九九％、女子九七％と、「学制」公布から四〇年たらずで実質的に皆《かい》就学が達成されるのです。

この間、一九〇七年に義務教育は尋常小学校六年制へと延長され、その上に二年制の高等小学校が付設されていくことになります。

国民教育としての小学校教育の定着とあわせ、上級学校への進学熱も高まっていきます。中等学校に進学するための補習授業が、農山村部の小学校でも組まれるようになり、村の役場の文書などにも村の小学校から府県の中等学校に何名が進学した、あるいは村の出身者のだれそれが高等教育機関に進学したといったことが誇らしげに記述されるようになったといいます（尾崎ムゲン『日本の教育改革』中公新書）。

こうした進学熱の高まりの背景には、もちろん日本近代化の急速な進展があり、村から都市部へ出て安定した職業につくにはそれなりの学力が求められるようになったということがあります。同時に、『学問のすゝめ』や「被仰出書《おおせいだされしょ》」以来の立身出世主義が、子どもや親たちを進学へ駆り立てただろうということも容易に想像できます。

「兎追いしかの山」で始まる小学唱歌「故郷《ふるさと》」も、「いかにいます父母《ちちはは》　つつがなきや友垣」と歌った後で、こう結ばれます。

志を果たして
いつの日にか帰らん
山は青き故郷《ふるさと》
水は清き故郷

ちなみにこの歌が尋常小学唱歌に掲載されたのは一九一四（大正三）年のことで、作詞者の高野辰之博士は生地の長野県で小学校教師をつとめた後、上京して国文学者となったのでした。

笈《きゆう》を負《お》うて故郷を離れ、勉学に励んで社会的地位を確保し、故郷に錦を飾るというのは、明治以来、最も理想的とされた人生でした。かつて卒業式の最後で必ず歌われた「仰げば尊し」の終わりの歌詞もこうなっていました。

「……身を立て　名を揚げ　やよ励めよ／いまこそ別れめ　いざさらば」

また、Ⅰ章で引いた太宰治の掌編「I can speak」の中でも「弟」は姉にこう言うのです。

「……おれは、夜学へ行ってんだよ。……おふくろにも内緒で、こっそり夜学へかよっているんだ。偉くならなければならないからな」

こうした立身出世主義を推進力として、進学率は着実に高まり、中等・高等教育も拡充されていきました。日中全面戦争に突入する前年の一九三六（昭和一一）年の段階で、尋常小学校六年卒業後の中等学校（中学校、実業学校、高等女学校）進学率は二一％、高等小学校への進学率は六六％となっています。合計すると八七％となり、戦後、六・三制によって義務教育九年制が実施される一〇年前のこの時点で、八年制の〝準義務教育〟が実現していたということになります。

しかし日本は中国との全面戦争に入り、つづいて四一（昭和一六）年には米国、英国と開戦、第二次世界大戦へと突入していきます。学校は「忠良な臣民」を育成する場から「忠良な兵士」を養成する機関となり、「忠君愛国」「尽忠《じんちゅう》報国」をスローガンに軍国主義一色に塗り込められることになります。

さらに戦況がきびしくなった四三年六月、政府は労働力の不足をおぎなうため「学徒戦時動員体制確立要綱」を閣議決定、翌四四年にはそれを拡大強化して「通年動員」体制を敷き、同年八月には「学徒勤労令」を公布して、軍需工場を中心に、中等学校一年生以上の全学徒を根こそぎ動員していきます。

こうして学校がその本来の機能を停止し、全国の学校の校庭が食糧増産のためのサツマイモ畑と化した中で、全国主要都市への無差別空襲、沖縄戦、広島、長崎への原爆投下をへて四五（昭和二〇）年八月一四日、日本政府は米、英、ソ三国首脳によるベルリン西郊ポツダムでの会談にもとづく降伏勧告――ポツダム宣言を受諾します。この日本の無条件降伏によって、教育勅語を中軸とする国家主義教育も終止符を打ったのでした。

※教育基本法の成立と教育勅語の廃棄

日本政府が受諾したポツダム宣言には、戦争終結の条件として、軍国主義勢力の一掃とともに民主主義の確立に対する障害の除去、基本的人権の尊重などが述べられていました。日本政府が受け入れたこれらの条件に沿って、米国を主体とした連合国占領軍による民主化が開始されます。

一方、連合国による民主化の進展に応じて、日本国内にも主体的に民主化を実現していこうとする動きが生じてきます。新しい憲法をつくるために内閣に設置された憲法問題調査委員会が、大日本帝国憲法（明治憲法）のほとんど焼き直しともいえる憲法草案しか用意できなかったのに対し、早くも終戦の年の一二月に発表された鈴木安蔵、森戸辰男らの憲法研究会による「憲法草案要綱」、高野岩三郎による「改正憲法私案要綱」などがその例です。いずれも現行の日本国憲法と共通する画期的な要素を盛り込んだ憲法草案でした。

教育勅語に代わって戦後の教育の支柱となる教育基本法も、そうした日本国内の主体的なとりくみによって生み出されたものでした。

教育基本法は、日本国憲法の公布の翌年、一九四七（昭和二二）年三月三一日に公布・施行されました。新憲法が施行される約一カ月前のことです。では、それはどのような経過でつくられたのか。

四七年一二月に出版された『教育基本法の解説』という本があります（教育法令研究会著、国立書院発行。その復刻版が新たに二〇〇〇年七月、民主教育研究所から発行されています）。この『解説』は序文によると、教育基本法の制定をめぐり、文部省内に設けられた教育法令研究会での研究にもとづいて安達健二文部事務官が執筆、基本法制定に深くかかわった田中二郎東大教授と基本法制定の所管局長だった辻田力調査局長が監修したものです。つまりこの本は、文部省で基本法制定に直接たずさわった当事者たちによる「解説」だということです。

教育基本法については、憲法と同様に、アメリカによる「押しつけ」という見方があります。しかしそれは正しくありません。

たしかに基本法制定の方向づけをしたのは、敗戦の翌四六年三月、マッカーサー連合国軍最高司令官の要請によって来日した米国教育使節団の報告書でした。日本の教育家の協力を得ながら一カ月にわたって日本の実情を視察したあとにまとめられた報告書は――「民主主義、自由主義のもとにおける教育が、個人の価値と尊厳の認識に基づき、個人のもつ能力を自由な空気の中に伸ばすことを目的とするとともに、過去の文化との関連に深い注意を与えなければならない」（前記『解説』によるまとめ）と述べていました。

当時、すでに政府による新憲法の草案が発表され（同年三月）、六月からは国会での審議が始まります。その新憲法の理念と、米国教育使節団によって示された改革の方向に沿って、日本の教育を抜本的に改革する事業が開始されるのです。

『解説』によると「この事業は……後世に影響するところも深大であるのに鑑《かんが》み……議を尽くし慎重を期さなければならない。また我が国自身自主的に、しかも我が国の実情に即する方針を定めなければならない。そこで教育に関する重要事項を調査審議するため」四六年九月、内閣総理大臣の所轄《しょかつ》として「教育刷新委員会」が設置されます。安倍能成元文相を委員長、南原繁東大総長を副委員長として約五〇名からなるこの刷新委員会は、その後一年間に四二回にわたって総会を開いたほか、九つの特別委員会はそれぞれ数回から十数回の会議を開いたといいます。

教育基本法の研究を担当した第一特別委員会は、次の八名で構成されていました。羽渓了諦元京大教授、芦田均衆議院議員（のち首相）、天野貞祐（旧制）一高校長（のち文相）、務台理作東京文理大（現筑波大）学長、関口鯉吉東京天文台長、森戸辰男衆議院議員（のち文相）、河井道恵泉女専校長、島田孝一早大総長。

この第一特別委員会は四一年九月末から一カ月に一二回もの会議を開き、基本法の骨子をまとめて総会にはかりますが、活発な討議にさらされて再三報告を修正、一一月二九日の第一三回総会でようやく採択されたといいます。

日本の敗戦を契機に制定された教育基本法は、憲法と同様、それまでの国の政治や教育のあり方に対する痛切な反省に立って生みだされたものです。そのことを前記『解説』は次のように述べています。

「明治維新からこのかたわが国の教育には、一貫して国家主義的色彩が濃厚であった。その間各種の反流がないわけではなかったが、一貫した流れとしては国家主義的であったということができると思う」

その理由として、近代化を急ぐために富国強兵策をとらざるを得なかった事情があり、それによって教育の普及にはめざましい成果をあげたけれども、しかし「この国家主義的教育に伴う弊害は大きく且つ深いものがあった」として、次の四点を指摘しています。

「第一に、教育制度及び教育行政は著しく中央集権化され、強度の官僚統制の下に立ち、このために教育の自主性が尊重されず、また学問の自由が不当に束縛される傾きがあった。更に地方の実状に即する教育が行われにくかったのである」

「第二に、教育内容の面では、それが画一的、形式的に流れ、そのために、学生生徒の自発的精神を養うことが少なく、それぞれの個性に応ずる教育を行うことが困難であった。徳育についていえば、道徳に関する一つの型が決められ、それにあてはめることで満足し、自ら進んで道を行ってゆくという内面的な自主的精神の養成に努めるところが少なかった。また知育の面でも一方的な知識注入教育が行われ、真の科学的精神の発達を見るに至らなかった」

「第三には、神社神道が国教的な地位を占め、それが学校教育にとりこまれ、一方、神社神道が国家政治に悪用される結果を導くとともに、他方教育においては真の宗教的情操を養うことが軽んぜられることとなった」

「第四には、国家を唯一の価値の基準とし、国家を超える普遍的政治道徳を無視する教育を行った結果、自国の運命を第一義的に考え、国際間の紛争を武力をもって解決しようとする武力崇拝の思想が教育の中に侵入してきたのである」

「満州事変からは、この弊害は特にはなはだしく、教育は軍国主義及び極端な国家主義的傾向を帯びるようになり、したがって国民をもこの傾向に導くに至った。かくてこのような教育は、わが国をして世界を相手とする戦争にまで追い込み、今日の敗戦の災いを招くに至った有力な一因をなしたものといわなくてはならない」

教育基本法は、このような過去への率直な反省と、それを克服しようという情熱にささえられて制定されたものでした。そのことを前提に、改めて教育基本法を読み直せば、半世紀をへたいまも、そこから清新な風が吹いてくることを感じ取ることができるはずです。

「第一条（教育の目的）教育は、人格の完成をめざし、平和的な国家及び社会の形成者として、真理と正義を愛し、個人の価値をたっとび、勤労と責任を重んじ、自主的精神に充ちた心身ともに健康な国民の育成を期して行われなければならない」

ちなみにこの第一条の英訳（公式訳）を見ると、「人格の完成」は「the full development of personality」となっています。「パーソナリティー」は周知のように、「人格」と同時に「個性」の意味を含み、また「ディヴェロプメント」は「発達」とともに「開発」の意味ももっています。したがってここは、より丁寧にいえば「人格・個性の十二分な発達・開発」ということになります。また「自主的精神」は「independent spirit」、つまり「独立の精神」であり、「平和的な国家及び社会の形成者」は「builders of a peaceful state and society」となっています。「形成者」はたんなる構成員ではなくて「ビルダー」、「建設する人」なのです。

このように教育基本法（The Fundamental Law of Education）は、上から注入する国家主義教育を根底から否定し、一人ひとりの人格・個性の発達・開発を基礎において、自主独立の精神にみちた国家・社会の建設者の育成をめざしたのでした。

一方、教育勅語は、基本法公布の翌四八年六月一九日、衆議院では「教育勅語等の排除に関する決議」が、参議院では「教育勅語等の失効確認に関する決議」が採択され、廃棄されました。

こうして、「学制」公布いらい日本の教育をささえてきた二本の柱——国家主義と立身出世主義のうち国家主義は明確に否定されたのでした（ただしそれは消滅したわけではなく、幾年もたたないで復活してきます。そのことは次節で述べます）。

※学歴主義の過熱とその背景

敗戦後の数年間、人々は窮乏生活に耐えながら、生活の立て直しと産業の復興にとりくみます。そうした中でも、人々の学校教育に託した希望——つまり立身出世主義は健在でした。

一九四七年四月、新たに施行された教育基本法、学校教育法にもとづいて、現行の六・三・三制がスタートします。この年に小学校を卒業した子どもたちは新制の中学校に進学、その二、三年生には、中等学校や高等小学校に在籍していた生徒が該当する学年に移行しました。

その三年後の一九五〇（昭和二五）年、新制中学の第一期生（作家でいえば、井上ひさし氏や大江健三郎氏などの年代です）が高校に進んださいの進学率は四二・五％でした。新制高校の校舎は、空襲で焼かれていない限り戦前の中等学校（中学校、実業学校、女学校）の校舎がそのまま使われ、人々の意識の上でも戦前の中等学校に対応するものと見られていました。その中等学校への進学率が、一九三六年は二一％だったのに対し、戦争、敗戦をへて、当時なお窮乏期がつづいていた五〇年、四二・五％と二倍にハネあがっていることに驚きます。

それから一一年後、一九六一年には高校進学率は六〇％をこえ、高度経済成長のさなか六五年には早くも七〇％を突破するのです。さらにその五年後、七〇年には八〇％台にのり、その四年後、七四年には九〇％台と、まさに爆発的な上昇をつづけるのです（次頁グラフ参照）。

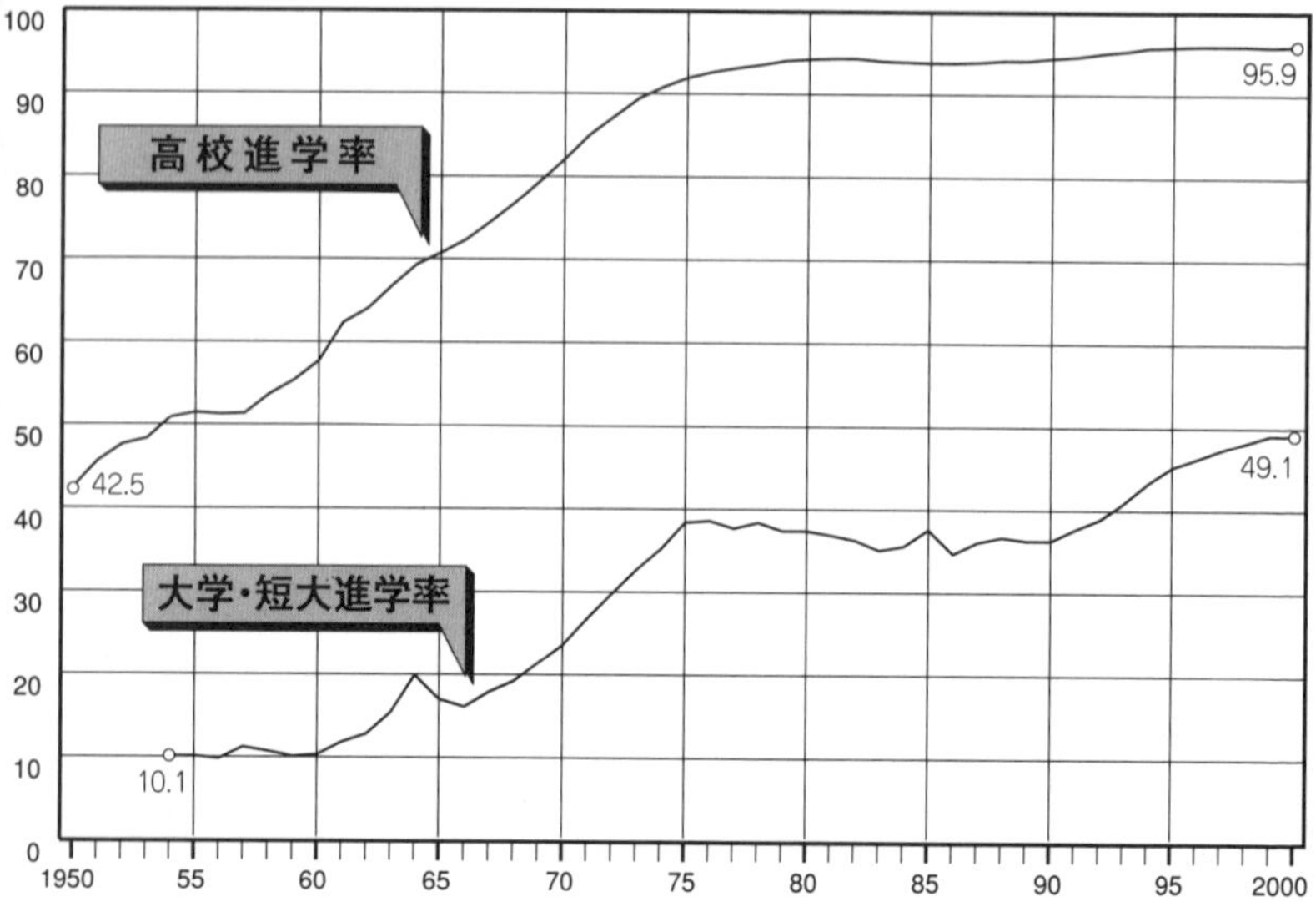

一方、大学・短大進学率も高度経済成長期に入った一九六〇年代から着実に上昇をつづけ、七四年段階で男子の四〇%が大学に進むことになります。

新制中学第一期生が大学受験にのぞんだ一九五三(昭和二八)年、大学進学率はまだ一〇%程度でしたが、いわゆる受験戦争はすでに全面的に始まっていました。全国の進学校では模擬テストが定期化され、受験浪人も一般化し、したがって大都市には予備校が存在し、さらに校舎を拡張しつつありました。このことは、私もほぼ同時期に受験生生活を送りましたので、自信をもって証言できます。

以後、受験戦争は拡大の一途をたどり、大学受験から高校受験へと降りてゆき、さらに有名私立中学への入学をめざして小学生まで巻き込んでゆくことになります。そのエネルギー源となったのが、新たに「学歴主義」と呼ばれるようになった立身出世主義でした。

古くからの立身出世主義の目標は、もちろん第一には高い収入の確保とともに社会的地位や名声の獲得ということでしたが、そこにはまた世の中のために役立つ人間になるという社会貢献のモーメントも含まれていたように思われます。しかし学歴主義は、そうした社会貢献のモーメントを削《そ》ぎ落として、より即物的で利己的なものとなります。そこでめざされたのは、ひたすら「安定と高収入」でした。

その背景には、当然のことですが、日本の社会の大きな変化があります。一九六〇年代から七〇年代前半にかけての高度経済成長の時代、人々の生活や価値意識が一変したことはⅠ章で述べましたが、この時期はまた日本の産業構造が大きく変わった時期でもありました。一九七〇年の時点で、農・林・水産業など第一次産業で働く人々は全就業人口のうち一九％、生産・運輸など第二次産業の就業者が三七％に対し、販売・サービス部門は二〇％、事務・管理・技術部門が二四％で、第三次産業就業者は合わせて四四％となっていました（総理府国勢調査）。

そしてこれを就業者の学歴の側から見ると、初等教育卒業者の七四％が農・林・水産業や生産・運輸業に従事する一方、高等教育卒業者の同じ七四％が事務・管理・技術部門に集中していました。

また、被雇用者千人以上の大規模企業への就業率を見ると、初等教育卒業者では二二％、中等教育卒業者では三六％に対し、高等教育卒業者は七〇％を占めており、さらに一九七四年の労働省調査では、学歴別生涯賃金格差は、中学卒を一〇〇とすると、高校卒一三七、大学卒は実に二〇七という数字がはじきだされていました。

以上のようなデータを示した後、前出の教育学者、尾崎ムゲン氏は、次のように結論づけています。

「このように一九七〇年代には、学歴と職業選択、産業部門内職種と学歴、さらに経済的処遇と学歴などの指標において、格差が明確であった。この事実が起点になって、学歴を求める意識は、さらに水平的にも細分化し、たとえば高等学校では（中略）近世の身分制度をもじって、『普・工・商・農』なる言葉も登場した。また、大学でも同様で、この時期には、五〇〇〇人以上を雇用する大企業の六三パーセントが、採用人事において、特定の大学・学部からしか新卒者を採用しない学校指定制を採用し、また内部昇進に、特定学歴を考慮するとしていた（七五年リクルート調査）。こうして国立か私立か、旧帝大か地方大学か、私立では有名私立かその他の私立かなど、学校の数、学部の数だけ細分化された序列が公然・隠然と国民意識に流通し、したがってこのような労働力・雇用秩序に対する国民的関心が異様なほどに高揚したのである」（前掲書、二〇七―二〇八頁）

※学歴主義が生み出したあるエリート像

一九七三年秋のオイル・ショックを契機に高度経済成長は低成長時代へと移行していきますが、学歴主義の過熱はその後もつづきます。「偏差値」という妖怪が教育の世界を横行し、子ども、親、教師がこの妖怪にからめとられていきました。

それとともに学校は大量の〝脱落者〟を生みだしてゆくことになります。小・中学では「落ちこぼれ」「落ちこぼし」が問題となり、七〇年代末から八〇年代初頭にかけては全国の中学で「校内暴力」のあらしが吹き荒れ、高校では中退者の増加が問題化していきました。

では、この学歴主義の勝者、エリートの方はどうだったのでしょうか。

一九九六年に出版されたテリー伊藤著『お笑い大蔵省極秘情報』(飛鳥新社)という本があります。書名はふざけていますが、中身はぞっとするようなリアリティーに満ちています。帯のコピーに「3人の大蔵官僚が赤裸々に本心を語った衝撃のロングセラー」とある通り、テリー伊藤氏が聞き出した三人の大蔵省官僚の「生活と意見」です。個別に登場する三人はいずれも仮名なので、その発言が事実かどうか確証はありません。しかし私は事実と確信しました。理由は後で述べます。

三人の発言の一部を、そのまま引用します。

▼主計局の官僚A氏

「大蔵官僚っていうと、ガリ勉ばっかりで、小学校の頃からずっとほかの子がキャッチボールをしたり、粘土細工で遊んでたときに勉強ばかりしてたというのは大きな間違いなんです。実は、友だちが粘土細工をしてるときに必死で勉強してたやつがなるのは、せいぜい建設官僚ぐらいなの！　大蔵省まで来てるやつっていうのは、粘土細工もみんなと一緒にやってるんです。ナンパもちゃんとする。官僚になってもテリーさんがつくっているようなテレビ番組も見てるんです。

では大蔵官僚は何が違うか。勉強をするときの集中力と吸収力が違うんです。……粘土細工をしないでガリ勉しましたなんていう程度では（大蔵官僚には）なれない。もっとはっきりいえば、大蔵省は単に日本のトップというだけではなくて、世界のトップなんです」

▼主計局の官僚B氏

「（多額の蓄財・たかりで辞職させられた）中島さん（元主計局次長）、田谷さん（元東京税関長）というのは、大蔵省の中でも最も普通の人ですよ。一番典型的なエリートといってもいい。彼らの私生活が特段おかしかったとも思わないし、中島、田谷が女を抱いたといっても、京都に行って抱いてるわけでしょう。……主計局の人間は、まず僕が知ってるかぎりでは、銀座で女を抱いたりはしない。銀座で女を抱くやつって、大体主税局か理財局かそのあたり。……中島さん、田谷さんというのは、一応主計局の人間だから……わざわざ時間をかけて京都まで行ったんだ。だから、中島さん、田谷さんがアホ官僚だったというのは間違いであって、あれはたまたま私生活がバレたけれども、じゃあ国民は大蔵官僚にクリーンな私生活だけを期待してるんですか。大蔵官僚に期待してるのは、国のお金の使い方をうまくやってくれということでしょう。中島さん、田谷さんというのは仕事はちゃんとやってるわけだから」

▼大蔵官僚C氏の発言

「反感を招くかもしれないけど……僕は幼稚園の年少の頃から一番目立つ子どもだったんですよ。先生に一番好かれたし、ダンスも一番うまかったし、お絵かきも一番うまかったし、誰よりも最初に月光仮面という漢字を書けたし、幼稚園の誰と比べたって僕より上の子はいなかったですよ。だけどそのときに僕はお勉強してたかというと、まったくそんなことしてません。そのまま小学校に上がって、一年生の頃から、あの子は××中学に行くというのはもう決まったようにいわれてたから、自分で何も迷うことはなかった」

「とにかく、大蔵官僚に対する誤解を解きたいんだけど、小さい頃からガリ勉してたなんてやつは一人もいない。ガリ勉してたようなやつは、せいぜい建設省止まりですよ。国家公務員試験Ⅰ種、昔でいうと上級職の試験を2万人受けにいって、その中で20人しか入らないのが大蔵省ですよ。ガリ勉してやっと東大に入れる程度ではここまで来れない」

「尊敬する人物って、正直いってないです。これは不思議に僕らの同期は、いないということで一致してますね。……小さい頃から尊敬する人物って、はっきりいって自分だったね」


この最後のひと言がとどめを刺します。

「尊敬する人物は、はっきりいって自分だったね」

過去の長い文芸史を振り返っても、これほどうとましく、いじましい〝俗物像〟を造形した小説家も劇作家もいないのではないでしょうか。いわばフィクションを超えた人物像です。「作り物ではない」と私が直感した理由です。

ともあれこうしたサイボーグ人間（テリー伊藤氏評）が、学歴社会の勝利者として日本の国家機構の頂点部分を占めているのです。

官僚C氏が言っていた国家公務員Ⅰ種試験合格者は「キャリア組」と呼ばれます。当時の大蔵省の場合、全職員約八万人のうちのキャリア組はわずかに一％、圧倒的に東大法学部出身です。この人々は最初からエリートコースを歩みます。入省して六、七年目、二十代で地方の税務署長になるのもその一つです。期間は一年ですが、自分よりはるかに年上の職員をどう使いこなすかを身につけるのが目的だといいます。

このように幼いころから優越意識をもった人たちが、長い学校生活を通してそれを肥大させ、人生の勝利者として官僚となり、さらにこうしたエリートコースを歩むのだとすれば、倫理感がマヒしていくのもまた当然です。話の中にあったように、この当時すでに大蔵省の高級官僚の「非行」が明るみに出ていましたが、官僚B氏はこの先輩たちの「非行」を珍妙な論理で弁護します。ということは、彼もまたこの先輩たちと同質の倫理感の持ち主であることを告白しているのです。

しかしバブル経済の崩壊後、高級官僚の「非行」があいつぎ、世間の目にもその歪んだ人間像がはっきりと見えてきました。大銀行や有名企業の幹部たちの卑小さもわかりました。それはつまり、学歴主義の空虚さが見えはじめてきたということです。

加えて、いわゆるグローバリゼーションによる地殻変動の中で、企業の側の人事政策も明らかに変わりつつあります。たとえば、文部科学省の〝スポークスマン〟として積極的に発言をつづけている寺脇研・大臣官房審議官は、一九九七年に出版した著書の中で次のように述べています。

「勉強して偏差値を上げるといい会社に入れるというのは、少し前まで嘘ではありませんでした。実は、これまで多くの企業は偏差値秀才をもてはやして、盛んに採用してきたのです。それは、会社にとって非常に都合がよかったからです」

「ところが、いよいよ事情は変わってきました。今、企業がにわかに、採用試験に当たっては大学名は問わないなどと言い出しているのは、日本の企業が学歴社会はよくないということに目覚めたからではありません。少し前までは使い勝手がきわめてよかった偏差値秀才では、もはや国際的な競争に打ち勝っていけない、そんな人材採用法は時代に合わなくなったことに気づき始めたのです」（『動き始めた教育改革』主婦の友社、五一～五二頁）

一般には、まだ学歴に執着している人が多数でしょう。しかし〝一流大学〟を出さえすればという時代が過ぎ去りつつあることは明らかです。ソニーが採用試験で「出身大学不問」の方式をとりはじめたのは一九九一年でしたが、以後それにつづく企業は大企業を含め増加してきています。たとえばＮＴＴドコモの大星公二代表取締役会長は、朝日新聞の座談会「新しい時代の人材を探る」の中で、同社では採用試験はもとより昇進の際にも学歴はいっさい留意しないと言い、「有名企業に入れれば一生安泰だなんて考えていたら、将来無駄なことをしたと後悔しますよ」と言い切っていました（二〇〇一年四月一日付、広告特集）。じっさい、企業の側からすれば、状況がきびしくなればなるほど出身校のブランドなどより、本当に力のある社員を求めるのは当然なのです。

もともと学歴主義は、右肩上がりの高度経済成長の中で形づくられてきた年功序列・終身雇用制をベースに成立してきたものでした。いま、その年功序列・終身雇用制そのものが急速に崩れつつあるのです。過熱した学歴主義がこのままつづいてゆくとは考えられません。

※強まる〝私生活主義〟

一方、経済的繁栄が長くつづく中で、日本の青少年の「人生」に対する考え方も大きく変わりました。次ページのグラフは、総理府（現内閣府）の青少年対策本部が継続して行なってきた「青少年の生活と意識に関する基本調査」のうち「人の暮らし方」についての一九九五年の調査結果です。

ご覧のように、「良い業績をあげて、地位や高い評価を得たい」という文字どおりの「立身出世」を望むものの比率は、「社会や他の人々のためにつくしたい」と並んで、男子、女子ともに最低です。

また、「経済的に豊かになりたい」と望んでいるものの比率も、男子は二〇％を切り、女子ではわずかに一〇％前後に過ぎません。

それに対して、「身近な人との愛情を大事にしていきたい」「その日、その日を楽しく

人の暮らし方（15〜24歳）

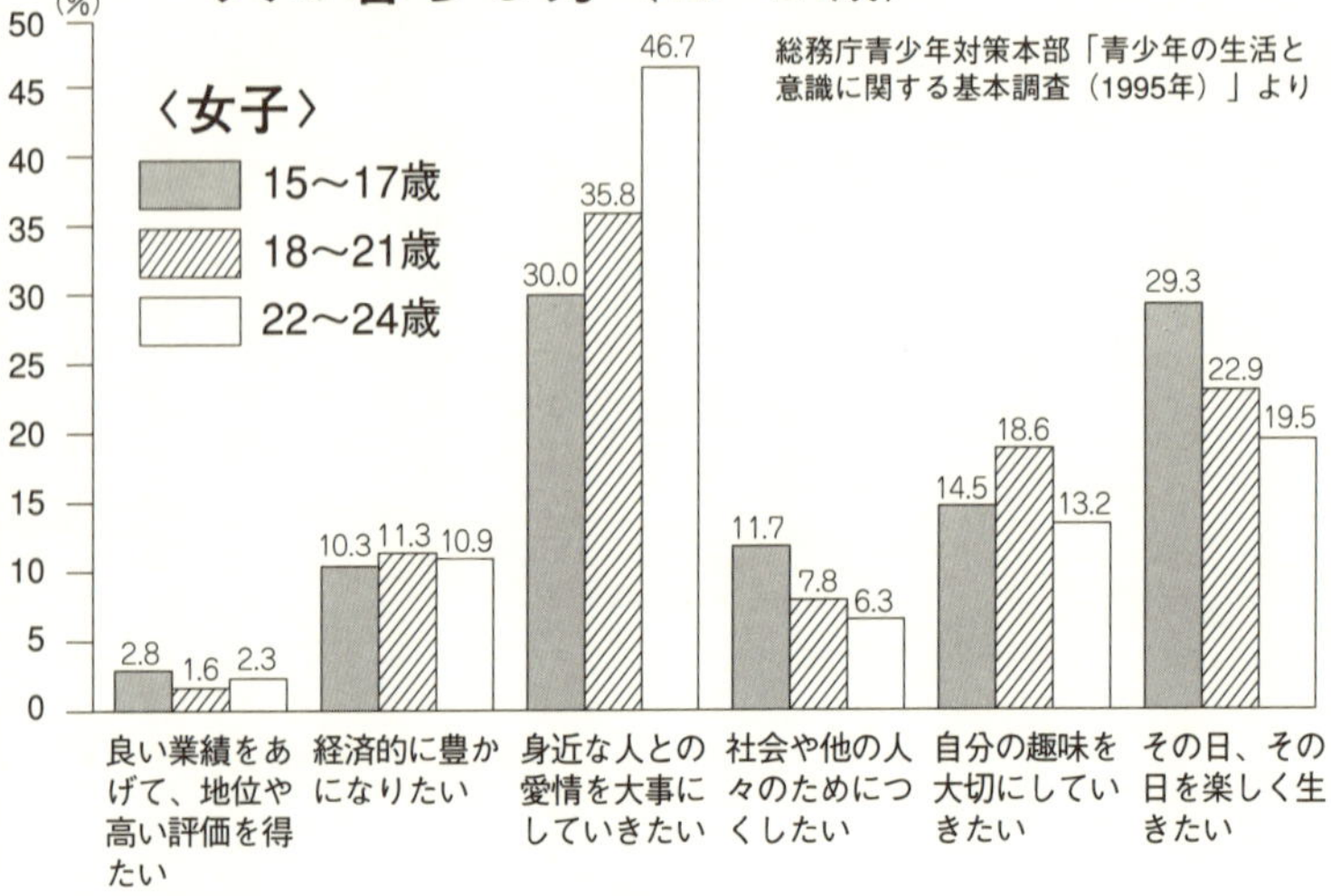
総務庁青少年対策本部「青少年の生活と意識に関する基本調査（1995年）」より
〈女子〉
15〜17歳
18〜21歳
22〜24歳
(%)
50
45
40
35
30
25
20
15
10
5
0
2.8
1.6
2.3
10.3
11.3
10.9
30.0
35.8
46.7
11.7
7.8
6.3
14.5
18.6
13.2
29.3
22.9
19.5
良い業績をあげて、地位や高い評価を得たい
経済的に豊かになりたい
身近な人との愛情を大事にしていきたい
社会や他の人々のためにつくしたい
自分の趣味を大切にしていきたい
その日、その日を楽しく生きたい

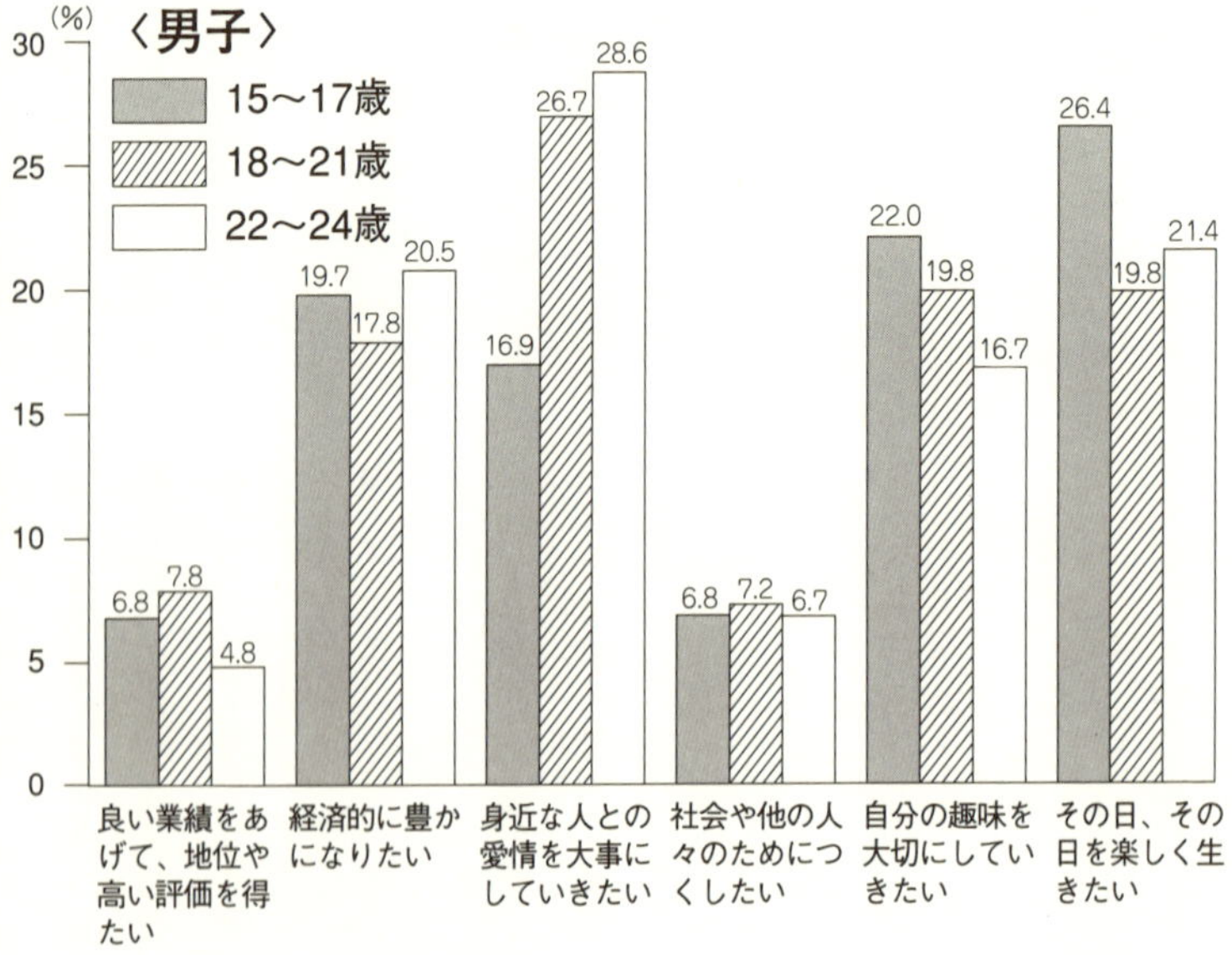
〈男子〉
15〜17歳
18〜21歳
22〜24歳
(%)
30
25
20
15
10
5
0
6.8
7.8
4.8
19.7
17.8
20.5
16.9
26.7
28.6
6.8
7.2
6.7
22.0
19.8
16.7
26.4
19.8
21.4
良い業績をあげて、地位や高い評価を得たい
経済的に豊かになりたい
身近な人との愛情を大事にしていきたい
社会や他の人々のためにつくしたい
自分の趣味を大切にしていきたい
その日、その日を楽しく生きたい

生きたい」「自分の趣味を大切にしていきたい」はいずれも高い比率を占めています。

　こうした傾向は、すでにかなり以前からあらわれていました。日本が高度経済成長を達成し、「一億総中流」「マイホーム主義」といった言葉が生まれて、だれもがそれなりの生活ができるようになる中で、Ⅰ章でも述べたように「勤倹貯蓄」「刻苦勉励」の価値意識が薄れていき、それにつれて若い人たちの「人生」に対する意識も私生活中心にかたむいていったのは当然だったともいえます。

　ともあれ、人並みに〝安定と高収入〟を望み、人並みに塾通いはしながらも、人並みの生活ができればいいという意識がひろがり定着して、歯をくいしばってでもという立身出世主義はもとより、高収入のための学歴主義も当の若い人たちの内側からしだいに希釈され、崩されてきたのです。

※学校から「逃走する」子ども・生徒たち

学歴主義（立身出世主義）の崩壊とともに、子どもたちの〝学校ばなれ〟も急速にすすみつつあります。

　学校現場を最もよくあるいている教育学者として知られる佐藤学氏の最近の著書に『「学び」から逃走する子どもたち』（二〇〇〇年一二月、岩波ブックレット）があります。その中で佐藤氏は、中学二年生を対象にした東京都生活文化局の調査で、自宅での学習時間が〇《ゼロ》時間と答えた生徒が、一九九二年の二七%から、九八年には四三%と激増していることなど、「学び」と「学力」をめぐって各種調査結果にあらわれた危険な兆候を挙げた後、子どもたちの間に「学ぶことに対するニヒリズム（虚無主義）とシニシズム（冷笑主義）」が急速にひろがりつつあると指摘しています。「何を学んでも無駄さ」「ひたむきに学ぶなんて馬鹿馬鹿しい」といったニヒリズム、シニシズムです。

「学び」からの逃走は、当然、「学校」からの逃走に重なります。もうだいぶ前、一九八〇年代の半ばころだったと思いますが、愛知県の高校の先生からこんな印象的な話を聞いたことがありました。二階の職員室の窓から見ていると、放課のチャイムが鳴り終わるか終わらないうちに、黒い制服のかたまりが校門に殺到し、〝黒い川〟となって校門を出てゆくというのです。まるで一刻も早く学校から立ち去りたい、学校から離れたいという彼らの願望を見せつけられるようで、その光景を目にするといつも名状しがたい思いに襲われるという話でした。

高校生の側には、たとえばアルバイトの時間に遅れないように、といったそれなりの理由があるのかも知れません。が、それにしても、放課を待ちかねて学校から「逃走」してゆく生徒たちの姿は、彼らの生活の主舞台がすでに学校の外——多くは街中《まちなか》に移っていることを示しているといえます。じっさい、部活動に参加する生徒の数は、運動部も含め、おしなべて減少しています。

学校ばなれは、義務制の小・中学では、不登校を除けば表だってはあらわれてきません。しかし高校の場合は、中退という形で目に見えてあらわれます。そしてその中退率は、少しずつですが確実に上昇しつづけています。一九九八年度の中退率は二・六三％と過去最高を記録しました（文部省調べ。九九年度は若干回復）。中退の理由は「進路変更」と「学校・学業への不適応」がいずれも四〇％近くになります。このうち「進路変更」では「就職希望」が過半数の五七％を占め、また「学校・学業への不適応」では「もともと高校生活に熱意がない」が約四四％、「授業に興味がわかない」が約二〇％となっていました。

かつて高校のいわゆる困難校では、「こんなことでは卒業が危ないぞ」というのが〝殺し文句〟だったといいます。高校くらいは出ておかなくては、というのが親の願いであり、また本人の自覚でもあったからです。ところが近年は、この〝殺し文句〟が通用しにくくなったと聞きます。「それじゃあ、やめます」とあっさり言われてしまうからです。

これらの数字や現象の背後から聞こえてくるのは、「高校なんか行かなくてもいい」「高校なんか出なくてもいい」という声です。いい学校を出て、いい会社に入って、というかつての価値観はすでに消しとんでいます。そこにはたしかに、佐藤学氏のいうニヒリズムの匂いが漂っています。

こうして、「学制」公布から一三〇年、日本の教育をささえてきた二本の柱——国家主義と立身出世主義（学歴主義）のうち、国家主義は半世紀前に否定され、残った立身出世主義（学歴主義）もまた消え去りつつあります。日本の教育はいま、文字どおりの転換点に立たされているのです。

2　戦後教育の中の国家主義

※戦後の教育政策の二つの流れ

日本の教育における国家主義は、教育基本法の制定と教育勅語の廃棄によって否定されたと述べました。しかしそのさい留保しておいたように、国家主義がそれで死滅してしまったわけではありません。それどころか、国家主義はほどなくよみがえり、第二次大戦後の日本の教育政策の最高の「理念」となってゆくのですが、それについて述べる前に、国家主義と並んで、戦後教育政策をつらぬくもう一つの流れとなった「能力主義」について簡潔に見ておくことにします。

教育における能力主義の導入は、経済界の要請にもとづいてすすめられました。戦後まもない一九五〇年代から日経連などは産業教育や技術教育についての要望を行なってきましたが、それが戦略的政策として打ち出されてくるのは、六〇年代に入り、高度経済成長期に突入してからのことです。

一九六〇（昭和三五）年六月、日米安保条約の改定をめぐって民衆運動が空前の高まりを見せ、デモの波が国会を何重にもつつむ中、新安保条約の自然成立とひきかえに退陣した岸内閣にかわって登場した池田内閣は、「国民所得倍増計画」を打ち出します。その「所得倍増計画」の中でキーワードの一つとなったのが「人的能力（マンパワー）の向上」でした。そこには、重化学工業を主力として高度成長に向かって突進する経済界が、当時どのような「人的能力」を求めていたかが、きわめて率直に語られています。

「……今後における就業構造の近代化に対応して、技術者、技能者の需要が増大する。これにともない目標年次における工業高校程度の技術者の不足は四四万人と見込まれるので、計画期間中に工業高校の定員は相当数の増加を図る要がある」

この路線に沿って経済審議会の中に「人的能力部会」が設けられ、六三年一月、その答申「経済発展における人的能力開発の課題と対策」が発表されます。そこにはより包括的に経済界の戦略課題が述べられていました。

「……われわれの視点は、つねに経済発展との関連における人的能力の開発におかれた。……経済問題と関連する人的能力政策は主として、この労働力としての人間の問題を扱うものであり、これはいかにして最もすぐれた労働力を能率的に養成し、活用するかといった問題をもつものである」（傍点は引用者、以下同じ）

「（高校進学率の急上昇など）これら諸条件の歴史的変化は、新しい基準による人の評価、活用のシステムを要請している。端的にいえば、教育においても、社会においても、能力主義を徹底するということである」

こうした方針にもとづいて、六六年には文相の諮問機関である中央教育審議会（中教審）の答申「後期中等教育の拡充整備について」が出され、高校教育の多様化政策がさまざまな形で展開されてゆくことになります。その過程で、高校は学校別・学科別・コース別に序列化され、そこから生じる差別意識によって、無数の高校生が差別に苦しむことになるのです。

やがて一九八〇年代に入り、中曽根内閣の下で内閣直属の「臨時教育審議会」（臨教審）が設けられ（八四年）、四度にわたる答申を行なったすえ八七年に解散します。「新自由主義」と称されるその答申は、教育に市場原理（選択の自由、民営化）を導入する一方、自由化（個性尊重）、多様化、国際化などを提言していました。

臨教審のこの新自由主義路線は、その後九〇年代以降の教育改革案にもつらぬかれ、たとえば学校制度の複線化、中高一貫教育の導入、大学への飛び入学といった具体的提案として提出されています。そこで使われている「人材育成」「個性尊重」といった用語はかつての「労働力」「人的能力」に対して耳ざわりはよくなっていますが、その本質が四〇年前の「能力主義の徹底」であることに変わりはありません。

※よみがえった国家主義

さて、もう一方の国家主義です。その復活はきわめて早いものでした。

前に述べたように、教育基本法の公布・施行は一九四七年三月、国会での教育勅語の排除決議は翌四八年六月のことでした。その二年後の五〇（昭和二五）年六月、朝鮮戦争が火を吹きます。その翌七月、マッカーサー連合国軍最高司令官は米軍出動の後の日本国内の治安体制を維持するため、日本政府に対し、自衛隊の前身となる警察予備隊の創設を指令します。こうして敗戦からわずか五年、日本の再軍備が始まりました。

その翌五一年一一月、天野貞祐文部大臣は「国民道徳実践要領」を発表します。そこではこう主張していました。

「国家はわれわれの存在の母胎であり、倫理的、文化的な生活共同体である」

「国家は個人が国家のためにつくすところに成りたつ。ゆえに国家は個人の人格や幸福を軽んずべきでなく、個人は国家を愛する心を失ってはならない」

この前年一〇月、天野文相はまた、祝日の行事では「国旗を掲揚し、国歌を斉唱することも望ましい」という談話を発表していました。

天野文相はカント哲学の研究で知られる哲学者ですが、先に述べた教育刷新委員会の中で教育基本法を担当した第一特別委員会のメンバーでもありました。そこでのたび重なる討議の中で国家主義は明確に否定されたはずなのに、わずか五年たらずで早くも〝先祖返り〟してしまったのです。そこに、教育勅語体制下で自己形成してきた人たちの内側に天皇制国家主義がいかに深く刻印されていたかがうかがわれ、改めて驚かされます。

このあと一九五五（昭和三〇）年には、それまでの自由党と日本民主党が合体して自民党となりますが、同党の基本方針には「憲法改正」がかかげられます。そしてその翌五六年二月の衆議院予算委員会で、清瀬一郎文相はこう述べたのでした。

「教育基本法に書いてあることは悪いことはない。ただ洩れているものがある。『真理と正義』を愛するとはいっているが国を愛するといっていない」

「国を愛す、伝統を愛するということをさらにつけ加えたい」

教育基本法には愛国心や伝統文化についての喚起が欠けているという指摘は、これ以後、二一世紀を迎えた今日まで幾度となく繰り返されます。前出の『教育基本法の解説』によると、この議論はすでに基本法制定の国会でも行なわれていました。四七年三月の貴族院本会議で出された「祖国観念のかん養ということについて、政府はいかなる用意をもっているか」という質問に対し、時の高橋誠一郎文相はこう答えています。

「健全なる祖国思想のかん養は、御説の通り教育上重要視しなければならないと考える。したがって第一条において……『平和的な国家及び社会の形成者として』と述べており……更に前文の第二項において『普遍的にしてしかも個性豊かな文化の創造をめざす教育』とあるのは、健全なる国民文化の創造、ひいては健全なる祖国愛の精神のかん養を含むものと考える。人格の完成、これがやがて祖国愛に伸び、世界人類愛に伸びて行くものと考える」

しかしその後、このように教育基本法を発展的にとらえる〝開かれた解釈〟は放棄され、政府・与党は教育の場に愛国心を持ち込む試みを執拗に繰り返すことになります。

このあと一九六五年一月には中教審の答申「期待される人間像」（中間草案）が発表されます。そこにはこう書かれていました。

「国家を正しく愛することが国家に対する忠誠である。正しい愛国心は人類愛に通ずる」
「天皇への敬愛の念をつきつめていけば、それは日本国への敬愛の念に通ずる。けだし日本国の象徴たる天皇を敬愛することは、その実体たる日本国を敬愛することに通ずるからである。このような天皇を日本の象徴として自国の上にいただいてきたところに、日本国の独自な姿がある」

そして二年後、六七年には、戦前の「紀元節」が「建国記念の日」として復活させられます。神武天皇がこの日に即位したという神話にもとづく二月一一日という日付は、明治憲法（大日本帝国憲法）が公布された日でもあります（一八八九年）。そういう来歴をもつ日が、日本国憲法の下で「国民の祝日」としてよみがえったのです。

その後、一九七九年には元号法が制定されます。元号はもともと、皇帝は時間をも支配するという思想から中国で発明されたものですが、日本でも江戸時代までは本家の中国同様かなり柔軟に考えられ、天変地異や大きな社会変動が生じると簡単に元号が替えられました。たとえば江戸時代最後の天皇である孝明天皇の在位二一年間には、元号が六回も替わっています。幕末の大激動がつづいたからです。しかし明治に入ると、元号は「一世一元」と定められ、元号が替わるのは天皇の代替わりの時のみに限られました。つまり「一世一元」の元号は、近代天皇制と不可分に結びついているのです。その元号が、元号法によって法制化され、公的な文書での元号使用が実質的に義務づけられることになったのでした。

以上、瞥見《べっけん》したように、遠くは天野貞祐元文部大臣の「国民道徳実践要領」から始まり、「紀元節」の復活、元号法の制定とつづいてきた国家への求心力を強める流れの行き着いた先が、一九九九年八月の日の丸・君が代の「国旗・国歌」法制化だったのです。そしてこの国家主義を鼓吹《こすい》してゆくための主舞台となったのが、学校教育でした。

※学習指導要領をつらぬく国家主義

日本の学校教育は、文部省の定める学習指導要領によって各教科の目標や内容、時間数が規定されています。日の丸・君が代の扱いについて、その指導要領では、一九五八年の改定（高校は一九六〇年）以降、掲揚・斉唱するのが「望ましい」と書かれていました。それが一九八九年の改定では、入学式や卒業式などでは「国旗を掲揚するとともに、国歌を斉唱するよう指導するものとする」と改められました。当時はもちろん国旗・国歌法はなかったのですが、指導要領では「国旗」「国歌」と明記され、「指導するものとする」と指導が義務づけられたのでした。

その後、一九九八年の教育課程審議会の答申では日の丸・君が代について「指導の徹底を図る」といっそうの指導強化が提言されたのですが、九九年改定の指導要領（二〇〇二年より実施）では記述の変更はありませんでした。しかし国旗・国歌法の成立を受けて、二〇〇〇年春の卒業式、入学式では、教育委員会から各学校長に対して、日の丸掲揚・君が代斉唱の徹底がはかられ、それに批判的な教職員の事前チェックなどが行なわれたことはマスコミで報道された通りです。その結果、たとえば東京都立高校の卒業式では、君が代の斉唱率が前年の七・二％から一挙に八八・五％へとはねあがり、また神奈川県の公立高校でも前年の一五・四％から九二・九％へとはねあがったのです。そしてよく二〇〇一年春の卒業式では「職務命令」をちらつかせて一〇〇％を達成（！）したのでした。

ではなぜ、入学式や卒業式に日の丸を掲げ、君が代を歌わせるのでしょう。答えは言うまでもありません。天皇制と固く結びついた国家への忠誠を喚起するためです。先に引用した中教審答申「期待される人間像」もこう述べていました。

「国家を正しく愛することが国家に対する忠誠である。正しい愛国心は人類愛に通ずる」

「天皇への敬愛の念をつきつめていけば、それは日本国への敬愛の念に通ずる」

こうした「国家」を中心とした考え方は、日の丸・君が代の扱いだけでなく、学習指導要領の全般に及んでいます。指導要領には各科目についてそれぞれ冒頭に「目標」がかかげられていますが、次に引用するのは高校の地歴（高校の社会科は中曽根内閣当時に解体され、戦前の旧制中学と同様、地歴と公民に分割されました）のうち、世界史B、日本史B、地理B（いずれも4単位）の「目標」です。ゴシックにした部分に留意してください。

世界史B「世界の歴史の大きな枠組みと流れを、我が国の歴史と関連付けながら理解させ、文化の多様性と現代世界の特質を広い視野から考察させることによって、歴史的思考力を培い、**国際社会に主体的に生きる日本人としての自覚と資質を養う**」

日本史B「我が国の歴史の展開を、世界史的視野に立って総合的に考察させ、我が国の文化と伝統の特色についての認識を深めさせることによって、歴史的思考力を培い、**国民としての自覚と国際社会に生きる日本人としての資質を養う**」

地理B「現代世界の地理的事象を系統地理的、地誌的に考察し、現代世界の地理的認識を養うとともに、地理的な見方や考え方を培い、**国際社会に主体的に生きる日本人としての自覚と資質を養う**」

地歴にはほかに世界史A、日本史A、地理Aと各2単位の科目がありますが、その「目標」のゴシックの部分はそれぞれまったく同一です。要するに、高校で歴史や地理を学ぶ目的は、つまるところ「国際社会に生きる日本人としての自覚と資質を養う」ことだというのです。

ところでこの指導要領の「目標」の構文は、先に見た教育勅語のそれを連想させます。

教育勅語の前段には「爾《なんじ》臣民父母ニ孝ニ兄弟《けいてい》ニ友《ゆう》ニ夫婦相和シ朋友《ほうゆう》相信シ《じ》……」と徳目が並べられていました。この点だけを取り出して、「父母に孝行をし、兄弟仲良く、夫婦はむつまじく、友達どうし信じ合う、すべて素晴らしいことじゃないか」と言い、教育勅語復活を主張する人たちは後を絶ちません。

しかし教育勅語は、こうした徳目を列挙した後、一転してこう命じるのです。「一旦《いったん》緩急アレハ《ば》義勇公《こう》ニ奉シ以《じもつ》テ天壌無窮《てんじょうむきゅう》ノ皇運ヲ扶翼《ふよく》スヘ《べ》シ」。つまり、いったん危機が迫った時には国家のためにすすんで身を投げ出し、天皇家の永遠の勢威を守らなくてはならない、というわけです。そしてこの一点こそが、教育勅語の核心部分だったのでした。

指導要領の地歴の「目標」の構造も同じで、世界史の流れや自国の歴史の展開を学ぶのも、世界の地理について学ぶのも、結局は「日本人としての自覚と資質を養う」ためだというのです。「日本人の資質」というのが具体的に何を指しているのか、私にはわかりかねますが、できることならここは「日本人の誇り」と書きたかったのかも知れません。

※若い世代ほど強い〝自国への自信喪失〟

要するに、この半世紀、日本の教育政策を貫流するイデオロギーは、「国家」を第一に考え、「国家」への帰属意識を強め、さらに「国家」への忠誠を求める国家主義（ナショナリズム）でした。その意味では、第二次大戦前と戦後との間に本質的な断絶はなかったといえます。

ナショナリズムは、政治イデオロギーとしては最もシンプルで原始的なものです。それだけに単純でアピールしやすく、しかもそれが民衆をとらえたさいには強烈な求心力を発揮するという特質をもちます。そのナショナリズムを、歴代の政府は半世紀にわたり教育の場に注入しようと腐心してきました。先ほど見たように、学習指導要領を通して、あるいは教科書検定を通して、その努力は一貫してつづけられてきました。

では、その成果はどうだったのでしょうか。はたして、国を愛し、国家に忠誠を尽くす青少年を数多く生み出すことができたのでしょうか。

ＮＨＫ放送文化研究所は一九七三年以降、五年ごとに「日本人の意識」調査を行なってきました。九八年の第六回は、第一回から数えてちょうど二五年目に当たります。意識調査の領域は、男女・家族のあり方、政治、ナショナリズム・宗教、仕事・余暇、日常生活、生き方・生活目標と多岐にわたりますが、この中からナショナリズムについての調査を見てみることにします（以下、ＮＨＫ放送文化研究所編『現代日本人の意識構造［第５版］』ＮＨＫブックス、二〇〇〇年二月刊より）。

調査はまず、他国に比べて自国をどう見るか、をたずねています。

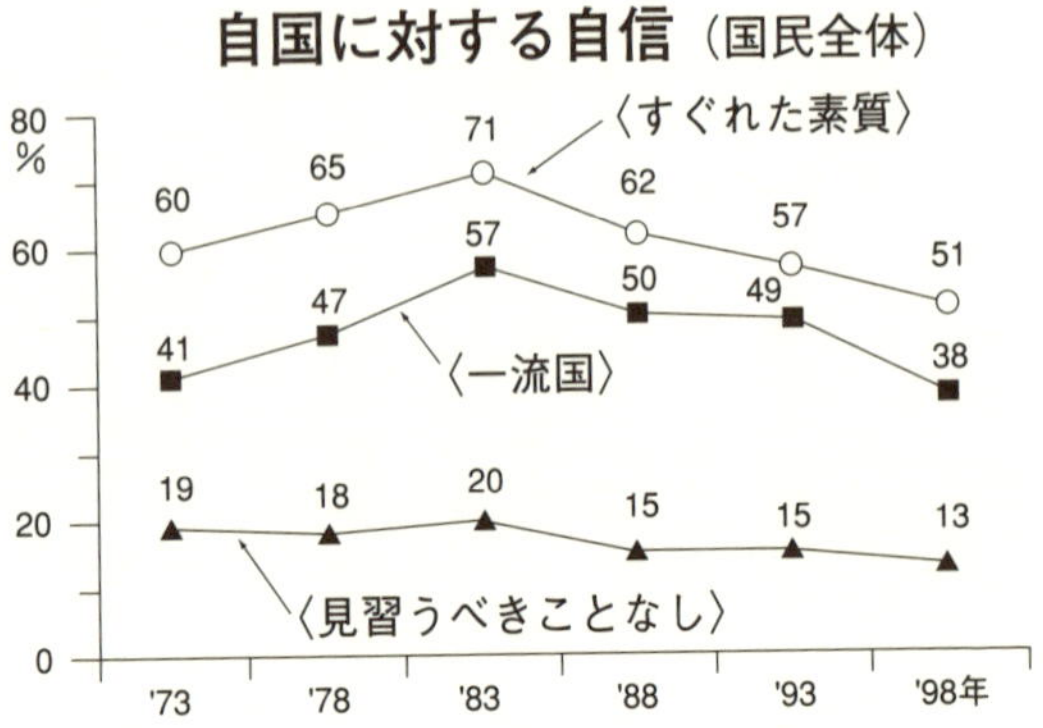

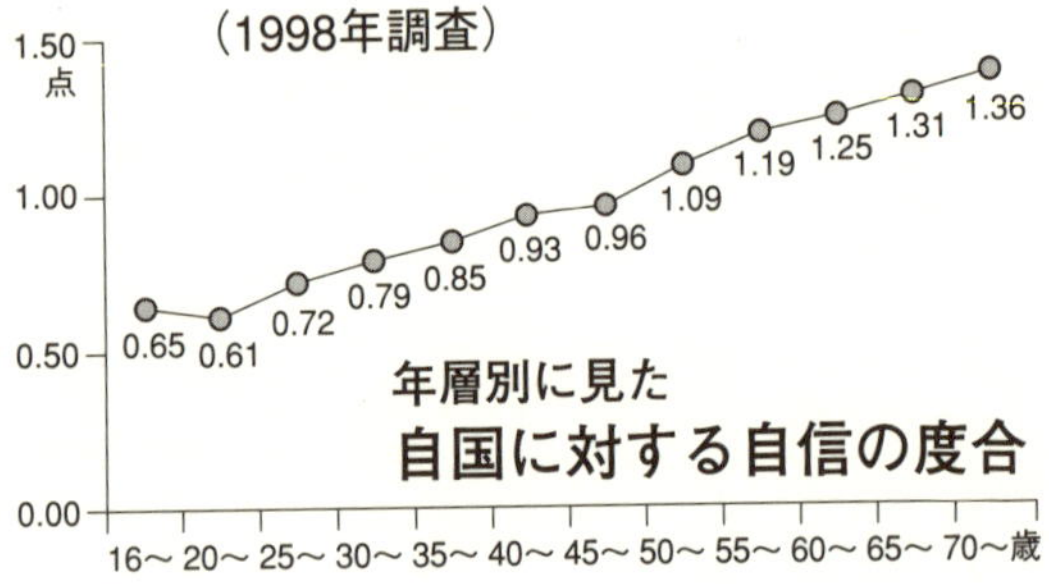

NHK放送文化研究所編『現代日本人の意識構造［第5版］』より

1　日本は一流国だ

2　日本人は、他の国民に比べて、きわめてすぐれた素質をもっている

3　今でも日本は、外国から見習うべきことが多い

調査の結果は右のグラフの通りです（項目3は、外国から見習うべきことはない、と見ている人の比率）。

三つの項目いずれも、一九八三年をピークとして以後は下降の一途をたどり、最新の九八年調査では最低の数字を示しています。つまり、日本は一流国だと見ている人は三八%、三分の一強にすぎず、日本人の素質がきわめてすぐれていると考えている人は五一%、外国から見習うべきことはないと思っている人はわずかに一三%だということです。

これをさらに、年層別に見たのが、下のグラフです。三つの質問項目に対して、三つとも「そう思う」と答えれば三点（ただし3は「見習うことなし」）、二つならば二点、一つなら一点、ゼロならば〇点として、年層別に平均のスコアを算出したものです。当然、スコアが低くなればなるほど、自国（民）に対する自信の度合いは低下します。

九八年調査のグラフでは、一瞥してわかるように、七〇歳以上の一・三六を頂点として若年層へ向かい、自信度は直線的に低くなり、二〇～二四歳の年層では七〇歳以上の半分以下、〇・六一にまで落ち込んでいます。これから国を背負って立つべき若い人たちほど自国に対して自信を失っているのです。

これについて『現代日本人の意識構造［第5版］』では、「お金ですべてを解決するという外からの厳しい批判、大きな経済的破綻、それに近年の政治的な混迷が加わって、一流国意識や民族的優越感が大きく後退したものと考えられる。中でも若い人々の民族的な優越感の後退は大きいものがある」と解説しています。

※空洞化するナショナリズム

以上の調査が他国との比較で自国への評価をたずねたのに対し、次の調査は自国への愛着をたずねたものです。質問項目はやはり三つ。

1 日本に生まれてよかった
2 日本の古い寺や民家を見ると、非常に親しみを感じる
3 自分なりに日本のために役に立ちたい

その回答結果を年層別に、二五年前の一九七三年の調査と最新九八年の調査を対比してグラフにしたのが左の三つです。

「日本に生まれてよかった」と思っている人はもともと圧倒的に多かったのですが、この二五年でとくに最も若い層でその比率が高まり、すべての年層を通じて九割以上が「日本に生まれてよかった」と答えています。

ところが次の項目2になると、逆に若い層で、古い寺や民家に親しみを感じる度合いが低落傾向を示します。経済の発展・変動にともなって日本人の生活環境も急速に変わりつつあることの反映なのでしょう。

問題は項目3の「自国への貢献」です。全体の平均値は、初回の七三年が七三％だった

のに対し、九八年は七ポイント落ちて六六％となっています。そしてこの平均値の引き下げの原因となっているのが、「戦後生まれ」の五〇～五四歳以下の年代の人たちの否定的な回答なのです。とくに二〇代では五〇％前後と最も低い結果となっています。

この「自分なりに日本のために役に立ちたい」と思っている人が二人に一人だという現実を、多いと見るか、少ないと見るか、それは人によって異なるでしょう。しかし、国民

日本に対する愛着心（年層別）

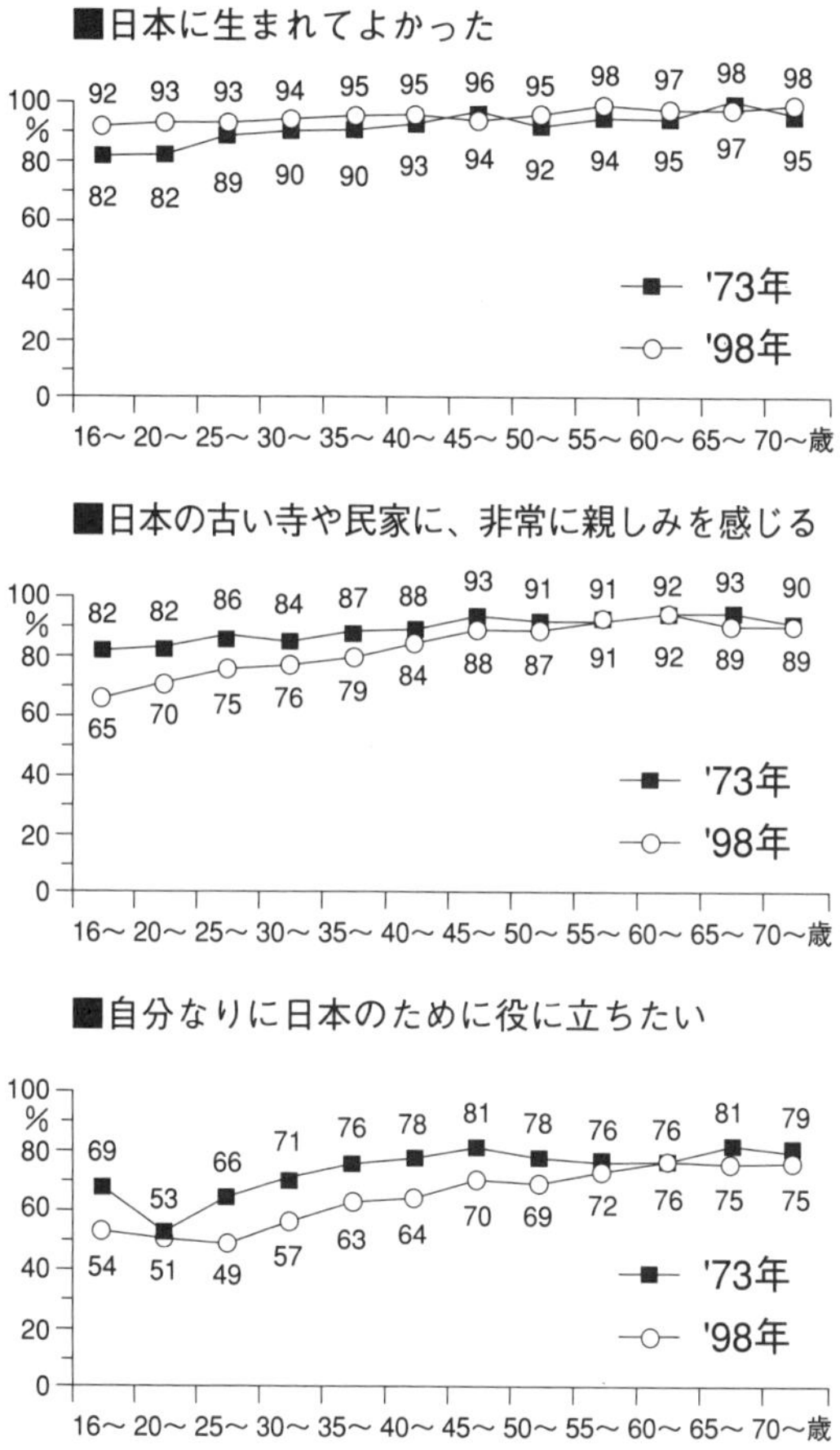

NHK放送文化研究所編『現代日本人の意識構造［第5版］』より

に対し国家への忠誠を求めてやまない人々にとっては、この数字は我慢のならない数字に映るはずです。

このように、日本人のナショナリズムは大きく変わりつつあります。前出の『現代日本人の意識構造［第5版］』も、以上の調査結果をもとに次のように分析しています。少し長くなりますが、結論部分を引用します。

「ナショナリズムの二つの要素のうち、対外的優越感は八三年調査をピークとして低落傾向にあり、今回の調査で最低値を記録した。……とにかく、ナショナリズムの片方の翼である『自国への自信』はかなり大きく崩れはじめたのである」

一方、ナショナリズムの「もう一つの翼」である「自国への愛着心」を見ると、「『日本のために何か貢献しようという意欲』が戦後生まれの世代を中心に少しずつ薄れはじめるという傾向がみえる。残った『日本に生まれてよかったという気持ち』だけが若い人々の間で増えて、現在、九五％となっているのである」

「したがって、この『日本に生まれてよかったという気持ち』の内実は、日本を誇りに思い、日本を愛し、日本をもり立てていこうというものではなく、日本に住んでいれば暮らしもまあ豊かだし、自由も満喫できるしという私的な理由をもとにしたものだという推定ができる。こうして、現代日本人のナショナリズムは変質し、はっきりとした実体がないものになりはじめたという見方も成り立つのである」

要するに、「一流国」だとか「すぐれた国民性」などといったあいまいな言葉では、もはやナショナリズムを喚起することはできなくなりつつあるということです。

だいたい「一流」といっても、何を基準にとるかで判断は変わってきます。かつて一九八〇年代、日本の経済が絶頂期にあり、「日本型経営」がもてはやされていた当時、外国の新聞で「経済は一流、政治は三流」と揶揄されたことがありました。その「一流の経済」もバブル崩壊によってほどなく底が割れてしまうのですが、かりに経済は一流、政治は三流だったとして、ではそういう国は、国全体としては何流になるのか。また経済は一流という場合でも、それはGNP（国民総生産）の大きさをさすのか、それとも人々の暮らしやすさをさすのか、また貧富の格差をどう見るのか、「豊かさ」の内実を問うことを含め、基準のとり方で判断は変わってくるでしょう。

先のNHK放送文化研究所の調査ではまた、外国人とのふれあいの経験についてもたずねています。当然のことながら、国際化がすすむにつれて外国人との接触経験は若い人を中心にふえており、このことについて前出の本では、「外国人に対する抵抗感の弱まりは、他国に対する、ことさらな競争心を和らげる働きをしていると考えられる」と解説していました。

ＩＴ（情報技術）革命がすすみ、インターネットが今後ますます普及していけば、諸外国の人々との接触・交流も必然的にふえていくにちがいありません。そうしたなかで、「一流国」「国民性」といった具体的根拠不明の言葉でナショナリズムを扶植しようとしても、結果は見えています。まして、「国家を正しく愛することが国家に対する忠誠である。正しい愛国心は人類愛に通ずる」といった呪文《じゅもん》を何度くりかえしても、若い人たちの内発的な力を引き出せるとは思えません。

※未来に背を向けた「国民会議」報告

ところが、いまなお政府・与党の人々は「日本人」の自覚や誇りを教育の場に持ち込もうと躍起になっています。

二〇〇〇年一二月、森喜朗首相の私的諮問機関である「教育改革国民会議」の最終報告が発表されましたが、そこでは「新しい時代にふさわしい教育基本法を」として、基本法の見直しが提案されていました。その理由を述べた部分を――あまりにも空疎できわめて読み取りにくいのですが――引用します。

「これからの時代の教育を考えるに当たって、個人の尊厳や真理と平和の希求など人類普遍の原理を大切にするとともに、情報技術、生命科学などの科学技術やグローバル化が一層進展する新しい時代を生きる日本人をいかに育成するかを考える必要がある。そして、そのような状況の中で、日本人としての自覚、アイデンティティーを持ちつつ人類に貢献するということからも、我が国の伝統、文化など次代の日本人に継承すべきものを尊重し、発展させていく必要がある」（傍点、引用者）

まず最初の傍点部分です。なぜこれが「新しい時代を生きる人間」でなく、「新しい時代を生きる日本人」でなくてはならないのでしょうか。科学技術の発展やグローバル化の中で生きてゆくのは、アジアの子どもたちも欧米の子どもたちも同じであるはずです。ことさら「日本人」と書く理由が、ここには何も述べられていません。

次の傍点部分も同じです。「人類に貢献する」のに、なぜ「日本人としての自覚、アイデンティティーを持ちつつ」でなくてはならないのか、その根拠は何も示されていません。

と言うと、日本の教育改革を論じているのだから、「日本人」を前提にするのは当然ではないか、という反論が出るかも知れません。しかし最終報告も自ら述べているように、グローバル化の時代なのです。そういう時代の流れの中で「日本人」をくり返し強調するのなら、それだけの根拠と論理を示す必要があるのです。そのことを抜きにして、実体不明の「日本人としての自覚、アイデンティティー」を頭から押しつけることこそが、かえって先のNHKの意識調査で見たような若い世代の「自国への自信喪失」や「ナショナリズムの空洞化」を生んでいるのではないでしょうか。

もしこの国の指導者たちが先頭に立って「個人の尊厳や真理と平和の希求など人類普遍の原理を大切にする」（前記、最終報告）ことを自ら実践し、若い人たちにも同じ方向に向かって歩むことを呼びかけたとしたら、若い人たちの中には黙っていても「自国への自信」が育ってゆくでしょう。そしてさらに、「人類普遍の原理」を実現するために多くの日本人が世界に出ていって誠実に働き、その姿が世界の人々に迎え入れられる中で、かつての「日本人の誇り」とはまったく次元の異なる「日本人としての自覚、アイデンティティー」が育ってくるでしょう。

一九九一年以来、国連難民高等弁務官として世界の紛争地域を駆けめぐってきた緒方貞子氏は、九九年八月八日の朝日新聞で、インタビューに答えて、こうはっきりと言い切っていました。

「私は、自分がどこの国の人間かということはあまり考えない。日本と外国との『架け橋』になっているとも思わない。『架け橋』意識は、日米間にある太平洋という広い海を意識した時代の話だ。

若い世代は、外国人を意識しないでしょう。みんなが国際人だ。そういった人間的な連帯感を広く育てていきたい」

この緒方さんの発言は、難民支援という国際的な活動の現場で求められるのは、個々人の見識や想像力、あるいは共感能力や行動力、つまりは人間的力量であり、およそ「国籍」などは関係ない、むしろ邪魔になるという経験的確信から出たものと思われます。そうでなければ、これほど断定的に強く言い切れるものではないからです。NGOなどで諸外国の人々といっしょに汗を流して働いた経験をもつ人たちも、恐らく緒方さんと同じ意見なのではないでしょうか。

「実体のない」ナショナリズムは、もはや国際社会では通用しません。度を過ぎた「わが国」意識は、その裏返しである外国崇拝と同様、侮蔑の対象となるだけでしょう。

もちろん、近い将来、国家がなくなることは考えられません。しかしヨーロッパ連合（EU）の動き一つをとってみても、国家の比重が軽減してゆくことは確実です。であるなら、未来をはぐくむ教育という営みは、世界のどこに出て行っても、諸外国の人々と手をたずさえて働き、共存してゆける、偏狭なナショナリズムなどからは解放された、心の広い人間の育成をこそめざすべきです。教育の中心に「国家」をすえる考え方は、二〇世紀をもってその歴史的役割を終えたのです。

III

「国家」から「市民」へ

——価値基軸の転換

前章では、国家主義教育がすでに歴史的役割を終えたことを論証しました。そこでこの章では、教育の価値基軸を「国家」から「市民」に転換していかなくてはならない、その必然性について述べます。

ところが、この「市民」という言葉がたいへん厄介なのです。もともと西欧で生まれた言葉であるため、日本でも日常的に使われていながら、実はその概念は一定していません。この言葉が、歴史的にどのように形成され、どのような意味をもつかについて、一般にはごく漠然としかとらえられていないのです。

さらに近年、日本では、この「市民」という言葉がとくに「国家」「国民」との関係で、ある特殊な意味合い、ニュアンスを帯びた言葉としてとらえられ、〝敵視〟される傾向さえ現われてきました。

たとえば、こんなエピソードがあります。一九九八年三月、超党派の議員立法により、「特定非営利活動促進法」（NPO法）が全会一致で成立しましたが、その法案名は当初はこんなわかりにくい名称でなく、もっと単純明快な「市民活動促進法案」となっていました。それにクレームをつけたのが、自民党の「参院の首領《ドン》」と呼ばれていた村上正邦議員でした。こう言ったといいます。

――「市民とは何だ。国民不在だ。わが国の国家観にそぐわない。市民という字句を削

れ」（『朝日新聞』二〇〇一年三月四日付）

二〇〇一年三月、この村上氏はケーエスデー中小企業経営者福祉事業団（ＫＳＤ）からの七千万円の受託収賄罪容疑で逮捕・起訴されましたが、同氏はまた「みんなで靖国神社に参拝する国会議員の会」事務局長や神道政治連盟国会議員懇談会幹事長、皇室問題事務局長などをつとめた、自民党でも最右翼のタカ派でした。

「市民」という言葉には、このように一部の人たちに強いアレルギー反応を起こさせる何かがあるのです。ただしその反発は、多分に感覚的・情緒的なもので、「市民」についてその意味内容をしっかりと理解した上でのものではありません。

そこでこのⅢ章では、「市民」について、その歴史を振り返り、近代に入ってそれが普遍的な意味を獲得していった経緯、そしてこの「市民」という人間類型が日本で登場してくる過程を、私なりに考察することにします。

その中で、私が「市民」という概念を形づくる要素の中で、何をその〝核〟と見ているかも自ずから明らかになるはずです。

「市民」の歴史に入る前に、二一世紀を迎えた「現在」を世界史の流れの中でどう位置づけるか、ということから見てゆくことにします。

1　世界史の中の現在

※「湾岸戦争」後の世界

歴史を振り返ると、一九世紀から二〇世紀にかけては国民国家の時代だったといえます。国民国家の要件の一つは、国民各階層からなる国民軍を常備していたことでした。日本の場合は、「学制」公布の翌年、一八七三（明治六）年の徴兵令によって国民軍の編成を開始します。この国民軍の編成・増強の求心力とされたのがナショナリズム（愛国心）でした。一八八二年に発布された「軍人勅諭」には五項目の教訓が挙げられていますが、その第一項はこう始まります。「一《ひとつ》　軍人は忠節を尽すを本分とすべし。凡《およそ》生を我国に稟《う》くるもの、誰かは国に報《むく》ゆるの心なかるべき」。

国民国家の時代はまた、帝国主義の時代でもありました。欧米列強諸国と、そして欧米以外で唯一、後発の帝国主義国家となった日本によって、世界中が植民地に分割されました。その過程で、帝国主義国家間にさまざまな確執・衝突が起こります。そのため世界には戦火が絶えませんでした。この「国益」と「覇権」を求めての争いは、二〇世紀に入り兵器の発達とともにいっそう激化し、ついに「われらの一生のうちに二度まで言語に絶する悲哀を人類に与えた戦争」(国連憲章前文)——第一次世界大戦・第二次世界大戦を引き起こしたのでした。

一九四五年六月、第二次大戦の教訓から国連が結成されます。その最大の目的は、平和的手段による国際紛争の解決にありました。しかしほどなく、世界は米国を中心とする資本主義ブロックとソ連を中心とする社会主義ブロックに二分され、冷戦の時代に入ります。朝鮮戦争とベトナム戦争は、その二つのブロックがぶつかりあった戦争でもありました。冷戦時代は四〇年あまりつづきますが、一九八九年のベルリンの壁の崩壊とともに音をたてて崩れ、九一年のソ連邦の解体によって終止符を打ちます。

同時期、一九九〇年八月、「湾岸危機」が発生しました。イラクの独裁者サダム・フセインが、突如クウェートに侵攻したのです。米国はただちに空母をペルシャ湾に向かわせますが、しかし直接軍事行動には慎重でした。独裁者フセインの暴走は明白だったにもかかわらず、米国は以後六カ月近くをかけてペルシャ湾岸に大軍を集結させ、しかも「多国籍軍」という新たな連合軍を組織した後、九一年一月、満を持してイラクに攻め込むのです。

湾岸戦争は、米国がただ一つの超大国となりながら、しかしもはや単独では大規模な軍事行動はとれない時代となったことを明らかにした戦争でした。

二〇世紀の最後の一〇年、戦火は後を絶ちませんでしたが、そのすべては国内の民族紛争であり、内戦でした（イラクのクウェート侵攻も、歴史的に見れば英国の植民地政策に遠因をもつ一種の内戦といえます）。核兵器の弾頭は、いまも米国、ロシア、英国、フランス、中国あわせて三万六千発が貯蔵されており、人類絶滅の危険が去ったとは残念ながら言えませんが、しかしかつての帝国主義時代のように大国どうしが正面切って火ぶたを切る戦争はもはやできない時代を迎えつつあることは否定できません。湾岸戦争がそうであり、コソボ紛争がそうであったように、超軍事大国・米国でさえも「多国籍軍」やPKF（国連平和維持軍）といった枠組みなしには軍隊を動かすことはできなくなったのです。

世界は大きく、かつ急激に変わりつつあります。教育のあり方について考えるさいにも、その世界史の動向を巨視的にとらえておく必要があると思うのです。

※グローバル化の波と資源・環境問題

転換期としての現代を特徴づけるもう一つは、いわゆるグローバリゼーション（世界化）

です。ＩＴ（情報技術）革命によって、いまや地球の一角で起こった出来事がたちまち全世界に伝えられ、その影響が全世界に波及する時代となりました。世界が一つの有機体として相互に固く結びつけられつつある時代――それが現代です。

グローバリゼーションがいち早く進行したのは、経済の分野でした。とくに一九七〇年代以降、米国の主導による市場開放がさまざまの軋轢《あつれき》を生じさせながらもすすみ、やがてこれにやはり米国主導での金融自由化が加わって、世界経済の一体化が進行していきます。一九九〇年代に入り、ソ連邦の解体とともに社会主義経済もなだれをうって市場経済へと移行し、中国も開放政策へと転換して、全世界が市場主義の波におおわれることになりました。

経済の分野でのグローバリゼーションは、基軸通貨ドルをもちながら巨額の貿易赤字をかかえている米国の経済戦略にもとづいてすすめられてきました。したがって、グローバル・スタンダードは、実はアメリカン・スタンダードにほかならないという批判もあります。

が、それにしても、世界のモノとカネの動きは三〇年前とは一変しました。私たちの暮らしの周辺を見回しても、衣食住すべてに外国産のものがあふれています。金融自由化によって、預金や保険も簡単に外国の銀行や保険会社を利用できるようになりました。振り返ってみると、私たちはグローバル化した経済の網の目の中で生活しているのです。日本の経済も、もはや世界を抜きにしては成立し得なくなっているのが現代という時代です。経済のグローバリゼーションは、長い目で見れば必然だったでしょうが、直接には米国の強力な主導ですすめられてきたものでした。その意味では、外からのグローバリゼーションだったともいえます。

それに対して、無秩序な経済発展につれて、いやおうなく浮かび上がってきたグローバルな問題があります。資源・環境問題です。

地球の資源は有限だということが人々の意識に上り始めたのは、やはり一九七〇年代に入ったころからでした。地球資源に限りがあるというのは、考えてみれば当然のことですが、六〇年代の高度成長期にはそれに目を向ける人はほとんどありませんでした。I章でも述べたように、この時期、日本はペルシャ湾岸の安い石油をふんだんに使って高度成長の急坂を駆け上がっていったのです。

ところが、七三年秋、アラブ産油国諸国が発動した石油戦略、いわゆる石油ショックに一撃され、世界は石油が有限の資源だったことに気づかされます。それはまた、目の前の「豊かさ」だけを追い求めてきた人間の浅はかさと驕《おご》りに対する一撃でもありました。

有限なのは、もちろん石油だけではありません。いっさいの資源が有限なのです。たとえば、水。ある報告によれば、世界の人口増加がすすむ中、いまのペースで農業、工業用水などの水需要がふえつづけたとすると、二〇二五年に必要な水の量は一九九五年現在の一・四倍、それまで何も対策をとらなかったとすればその時点の世界人口の半数、四〇億人が極度の水不足に悩むことになるといいます（「世界水フォーラム」専門家会議、二〇〇〇年一月）。

環境問題もまた、資源問題とほぼ同じころ、その切迫した重大さが気づかれはじめました。環境保護運動は一九六〇年代末、米国西海岸で始まり、七二年のストックホルム国連人間環境会議で地球環境の危機状況が広く認識されることになります。日本でも水俣病や四日市の大気汚染と水質汚濁、大都市の自動車排ガス問題などから環境への危機意識が高まっていきました。その後、酸性雨、大気汚染、海洋汚染、熱帯林消滅、土壌流出、砂漠化、地球温暖化、オゾン層の破壊、廃棄物の増大……と環境破壊は広がる一方です。

これらのすべては、資源問題と同様、グローバルな問題です。一国だけで対処できる問題ではありません。そのことは一九八六年、チェルノブイリ原発で大事故が起こったとき、気流に乗って拡散する放射性物質に北半球中がおののいたことを思い出せばわかります。大気汚染、海洋汚染、温暖化は、文字どおり全地球の問題です。

こうして、資源問題、環境問題は、私たちが日本国民であると同時に――というよりそれ以前に、世界の一員であることをいやおうなく自覚させることになりました。

加えて、IT革命です。とりわけインターネットの爆発的な普及によって、地球上の時間と空間はいっそう短縮され、世界はますます緊密に結ばれてゆくことになります。それにつれて、国と国をへだてる壁も目に見えて低くなってゆくでしょう。

もちろん、国家はまだまだ存続します。しかしヨーロッパ連合(EU)や東南アジア諸国連合(ASEAN)などに見られるように、国々が集まって地域共同体をつくり、互いに協力しあうという地域協力が時代の流れだとすれば、国家の比重が軽くなっていくのも必然の流れといえます(それには、いまなお未決済の過去の戦争責任を当事国が誠実に引き受け、その克服に努力することが不可欠ですが)。

※二一世紀を生きる人間像――「市民」

では、こうした世界史の流れの中で生きてゆくのにふさわしい人間像とは、どんな人間像なのでしょうか。

前にも一部を引用した中教審答申「期待される人間像」(一九六六年)は次のように述べていました。

「今日世界において、国家を構成せず国家に所属しないいかなる個人もなく、民族もない。国家は世界において最も有機的であり、強力な集団である。個人の幸福も安全も国家によるところがきわめて大きい。世界人類の発展に寄与する道も国家を通じて開かれているのが普通である。国家を正しく愛することが国家に対する忠誠である。正しい愛国心は人類愛に通ずる」（終章　国民として――一　正しい愛国心をもつこと）

三五年も前の文書ですが、しかし二〇〇〇年末に発表された「教育改革国民会議」の最終報告にも、この「期待される人間像」の〝思想〟は確かに受け継がれているようです。先に見たように、「日本人」を強調し、「日本人としての自覚、アイデンティティーを持ちつつ人類に貢献する」などと述べているからです。

つまり、「期待される人間像」では「国家」を個人（人間）の上に置き、「国民会議」報告ではそれをアプリオリの前提としています。

しかし冷戦後、ソ連邦やユーゴスラビア連邦の解体に見られるように、とくに民族との関係で国家が相対化されつつあるのが現代です。国際貢献も、すでに多様なボランティア団体（NGO）によってさまざまに展開されています。論証抜きで「正しい愛国心は人類愛に通ずる」などといえば失笑を買いかねないでしょうし、「日本人としての自覚を持ちつつ人類に貢献する」などといえば、「どうしてですか」と反問され、日本人はボランティアをやるにも日の丸が必要なのか、と反発される心配さえあります。

もちろん、国家が消滅するような状況がそう簡単にやってくるとは考えられません。それまでは、人々はそれぞれの国の「国民」として生きてゆくことになります。

しかしまた、すでに述べたように国家の相対化がすすみ、その比重が軽くなりつつあるのも必然の流れです。さらに、グローバルな関係を抜きにして国家が存立し得る条件も、すでに失われました。私たち人類は、地球温暖化問題や人口爆発の問題に端的に見られるように、もはや一国だけでは対処できない大問題を抱え込んでしまったからです。

さて、では、このような世界史の段階を迎えて、その中を主体的に生きるどんな人間像を想定したらいいのでしょうか。

前章の末尾で発言を引用させていただいた緒方貞子氏は「国際人」という言葉を使っていました。世界のどこででも、またどんな外国人に対しても、驕《おご》らず、もちろんへりくだらず、同じ時代を生きる人間どうしとして対等につきあい、必要があれば共に手をたずさえて協力しあえる人間――。緒方さんの「国際人」からはそんなイメージが浮かんできます。

しかし日常的には、私たちは地域社会の中で一住民として生活しているのです。また国家に所属している限り、「国民」でもあります。さらに、意識しているいないにかかわらず、グローバルな関係の中で生きている存在でもあります。このように、地域社会――国

――国際関係をつらぬいて、一元的に成立し得る人間像とは、どんな人間像なのか。そう考えると、そこにおのずから一つの言葉が浮かび上がってきます。

「市民」です。

地域社会の中で、私たちは文字どおり一市民として生活します。国のレベルでは、私たちは「国民」となります。国民は「公民」とも言い換えられます。そして公民は、辞書を引けば、市民に同じ、とあります（大辞林、広辞苑など）。グローバルなレベルではどうでしょうか。すでに「世界市民」という言葉があります。近年は「地球市民」という言葉も使われるようになりました。緒方さんの「国際人」は、この「世界市民」にぴったりと重なります。

市民はつまり、市町村のレベルからグローバルなレベルまで、共通の概念で成立し得る人間類型なのです。そしてこの人間類型は、その中に「世界市民」を含んでいるのですから、当然、国際的にどの地域に行っても通用する人間類型ということになります。国際化時代の人間類型――それが「市民」であるといえます。

ではその「市民」は、歴史的にどのように形成され、どのような特質をもつのでしょうか。

2　歴史の中の「市民」

※古代アテネの「市民」と民主主義

世界史の上で初めて「市民」が登場したのは、周知のように紀元前六世紀末から前四世紀にかけての古代ギリシアのポリスと呼ばれる都市国家、なかんずくアテネでした。

デモクラシーの語源がギリシア語のデモクラティアだということは、よく知られている通りです。デーモスは一般に「民衆」と訳されますが、正確には市民団（全市民）をさし、クラティアは「支配」の意味ですから、デモクラティアは「市民団による支配」ということになります。

また、これもよく知られているように、古代ギリシアは奴隷制の社会でした。奴隷と並んでやはり労働に従事する在留外人もいました。アテネの歴史で人口が最大だったと見られる前五世紀の前半、二〇歳以上の成年男子の市民はおよそ四万人で、これにその妻や子供を合わせると市民身分が一六万から二〇万人近く、これに一〇万人をこえる奴隷がおり、さらに一万人をこえる在留外人がいたと考えられています（桜井万里子『ギリシアとローマ』中央公論社、一九九七年）。

このうち市民としての権利を行使できるのは成人男子の市民だけでしたから、たしかに特権者だけの民主主義ではありました。しかし市民の間には地位や貧富による差別はまったくなく、徹底した平等原則につらぬかれた精密な政治システムがつくられ、かつそれがほぼ二百年にわたって維持されたという事実は、彼らが生み出した神殿や彫像の完成された美と同様、奇跡的としかいいようがありません。

というと、すぐに反論が出るかも知れません。制度は民主的だったとしても、実際は群集心理に左右された衆愚政だったのではないか、と。そうした評価が長いあいだ根強くあったことは事実です。しかし、橋場弦氏の『丘のうえの民主政』（東京大学出版会、一九九七年）によると、二〇世紀を通じて新しい史料や遺物が次々に発見・発掘され、それにもとづいて欧米では、とくに一九七〇年代以降アテネの民主政制度史をめぐる研究が活発にすすめられ、その実態はこれまで考えられていた水準をはるかに越える高度なものであることが明らかになったといいます。したがって、「現在欧米の研究者がアテネ民主政を叙述する際に、少なくとも地の文章で衆愚政という語を使うことはめったにないと言ってよい」

と橋場氏は言い切っています。

では、そのアテネの民主政とはどういうものだったのか。最新の研究成果をもとに一般読者に向けて書かれた橋場氏の右の本によって、その輪郭を見てみることにします。

アテネ民主政の中心は、何といっても「民会」です。最高議決機関であるこの民会に、市民であれば誰でも参加して発言する権利をもち、一人一票の投票権を行使しました。民会議場はプニュクスの丘の上にあり、収容人員は一万三千八百人ほどと見積もられています。岩盤を刻んでつくられたこの露天の会議場で、民会は年に四〇回ほど開かれましたが、日の出とともに始まるその民会に、およそ神奈川県ほどの広さをもつアテネの各地から、市民たちは長丁場にそなえて各自ワインとパン、タマネギやオリーブの実をたずさえ、参加してきたといいます。

議題は後に述べる「評議会」が事前に審議して提案することになっていましたが、開会宣言につづいてその議題を読み上げるのが「伝令」の役目でした。マイクのないこの時代、民会で選出された声の大きい人物が、「伝令」となってマイクの役割を果たしたわけです。

議題が読み上げられると、前もって議長に対し書面で動議を提案していた市民が、次々に演壇に立って自己の主張（動議）を述べます。その意見を聞いた後、市民たちはどの提案が最善かを判断し、通常は挙手で、重要な場合は青銅製の小さな当票道具を用いて無記

▲古代アテネの劇場遺跡。半壊状態の現在でも、舞台で話す声が後部の席までよく届く。当時の音響効果技術に驚かされる。（木下和夫氏提供）

名秘密投票で、採決を行なったのです。

　以上に見たように、アテネ民主政は文字どおりの直接民主制でした。そしてその原理は、次に述べる評議会や民衆裁判所にもつらぬかれます。

　評議会と民衆裁判所は、その他の公共の建物とともにアゴラにありました。そこは民会議場の丘を下った広場で、露店が立ち並ぶマーケットでもありました。

　さて評議会は、民会に提案する議題を選択し、前もって審議する役割を担当したほか、公共建築の監督・監査をはじめ財政全般を管理する広範な権限をゆだねられた行政の最高機関でした。民会が年四〇回の開会だったのに対し、ほぼ毎日開かれる常設の機関でしたから、実質的に政府の役割を果たしていたといえます。

　そのメンバーである評議員は、三〇歳以上の市民の中から、人為的につくられた区割りにしたがって抽選で選ばれました。人数は五〇〇人で、それが五〇人ずつの一〇のグループに分けられ、一グループが一カ月（当時のアテネの暦《こよみ》では一年は一〇カ月）ごとに「当番評議員」となって、民会の運営や行政の執行に当たる仕組みになっていました。評議員の任期は一年で、再任は禁止されていたそうです（ただし、生涯に二度までは認められていた）。

　行政の最高機関のメンバーを抽選で選び、しかも任期は一年だけと限定したのは、長く役職にとどまることから不可避的に発生する腐敗や専横を避けるためでしたが、それはまたアテネの民主政が徹底したアマチュアリズムにつらぬかれていたということでもあります。そのアマチュアリズムは、裁判制度でも貫徹されていました。

　アテネでの訴訟のほとんどは、民衆裁判所を舞台に行なわれました。検事は存在せず、告発した市民みずからが法廷で検事役となり、一方の被告についてはその友人縁者が弁護人となったといいます。

　判決を下すのは陪審員ですが、これも一般市民から抽選で選ばれ、任期はやはり一年と定められていました（ただし前四世紀になると、希望すれば誰でも終身陪審員になれた）。陪審員の定員は六〇〇〇名でしたが、もちろんその全員がいつも法廷に出るのではなく、公法上の訴訟は五〇一名、私法上のそれは二〇一名の陪審員で法廷を組織したといいます。

※「参加」と「責任」の民主政

このようにアテネの民主政においては諸制度が整備されていましたが、日々の行政の執行に当たっては実務を担当する「役人」が必要となります。予算の執行から行き倒れの死体処理の監督までを担当する役人の数は、最盛期には国内だけで七〇〇人にのぼったと伝えられますが、選挙で選ばれる少数の役職を除いて、これも殆んどは三〇歳以上の一般市民の中から抽選で選ばれ、任期も原則として一年、再任は禁止されていました。

選ばれた役人は民衆裁判所で「資格審査」を受けることになりますが、そのときの審査基準は今日の公務員試験とは違って、その人物が市民としての要件をそなえているかどうかの一点だけであり、専門的知識はもとより読み書きや算術、一般常識などの試験はいっさいありませんでした。その理由を橋場氏は、「一人前の市民であれば、役を務めるのに必要な程度の教養は身につけていて当然というのが、アテネ市民共通の認識だったようだ」と述べています。

役人として認められると一年間、基本的に無報酬で働かなくてはなりませんが、その上に不正行為がないかどうか、任期中はくり返しチェックを受けることになります。まず民会のたびごとに信任を挙手採決で問われますし、また任期満了にさいしては厳格な「執務審査」を受けなくてはなりませんでした。さらに高位の公職者に対しては、「弾劾法《だんがい》」にもとづく「弾劾裁判」という制度がありました。そこで裁かれる犯罪行為としては、「民主政の転覆またはその陰謀」、「売国罪」のほか「民会や評議会での動議提案者の収賄」が挙げられており、有罪が評決された場合は多くが死刑となったといいます。

このように公職者に対してその行為をチェックする制度が二重三重に設けられていた理由として、橋場氏は、アテネ市民は「権力の誘惑に抵抗する人間の能力」（A・ジョーンズ）というものを信用していなかったからだと言い、次のように述べています。

「要するにアテネ民主政は、永続的に支配者の座に就く個人の存在を許さず、たまたま権力を委ねられている人物も、その行使に際しては責任を厳密に追及されねばならぬという、単純だが明快な原理によって成り立っていた。だれもが政治に参加できるかわりに、いったん公職者になった以上だれもがその責任を負わねばならなかったのだ」

今日のわが国の「公職者」にも噛みしめてもらいたい言葉ではないでしょうか。

さて、このような民主政の下でアテネは前六世紀の末から五世紀の半ばにかけ繁栄を誇りますが、五世紀の後半、ギリシア都市国家のもう一方の雄、スパルタと長い戦いに入ります。戦いは三〇年近くに及びましたが、前四〇四年、アテネは敗れます。この敗戦によって、アテネの栄光の時代は終わり、後は衰退の一途をたどったというのがこれまでの見方でした。しかし橋場氏によると、最近の研究ではこうした見方は否定され、アテネの民主政は逆に、敗戦を機にこれまでの過誤や弱点を反省・克服し、新たな法治主義へ向かって全面的な法改正を行ない、より成熟し、安定した民主政へと再生したというのです。

前四世紀の前半、アテネの市民たちは、英雄やカリスマを必要としない政治、つまり、より徹底した民主政を築き上げます。

しかし後半に入り、北方から新たな脅威が襲ってきます。新興国マケドニアの侵出です。前三三八年、アテネはテーベと連合してマケドニア軍に決戦を挑みましたが、大敗。その結果、アテネを含むポリス諸国はマケドニアを盟主とするコリントス同盟を結成させられます。その後、アレクサンドロス大王の時代を迎えますが、前三二三年、彼が三三歳で急逝すると、アテネは他のギリシア諸国とともに反乱を起こします。しかし翌年夏、奮戦のかいなく降伏、アテネはマケドニア軍に占領され、民主政は廃止されます。

こうして、二〇〇年近く維持されてきたアテネの民主政は息の根を止められます。同時に、民主政をささえてきた「市民」も歴史から姿を消していったのでした。

※西欧中世の都市に登場した「市民」たち

「市民」が再び世界史上に登場してくるまでには、それから千数百年を要します。その間ヨーロッパでは、ローマ帝国の繁栄と崩壊があり、ゲルマン民族の大移動があり、イスラム教勢力の進出がある一方、キリスト教の展開と定着があり、フランク王国から神聖ローマ帝国への移行があって、その下で貴族や教会（司教）など封建領主による荘園支配をもとにした中世世界の成立をみることになります。そのヨーロッパ中世に生まれた都市の中から登場してきたのが、新しい「市民」たちでした。

ヨーロッパ中世における都市の形成と「市民」の出現という問題に、日本で最も早く着目し、アクチュアルな問題意識をもって研究をすすめたのは、ヨーロッパ中世史の泰斗、故増田四郎氏でした。第二次大戦後まもない一九四九（昭和二四）年、論集『西欧市民意識の形成』（初版、春秋社、現在は講談社学術文庫）が世に問われています。三年後の五二年、同じ主題による書き下ろし『都市』（初版は如水書房、現在はちくま学芸文庫）が出版されました。

その『都市』初版のあとがきで、増田氏は「政治といい、文化といっても、容易にわれわれの身についたものとならないのは、何故なのであろうか」と問いかけ、その問いに答えるために、「日本人に最も欠けている市民という考え方の根底について、いま自分が抱いている構想のあらましを、きわめてやさしく、わかりやすくまとめてみようと努めた」(傍点、原文)と書いています。

それから三三年をへて一九八五年、岩波セミナーブックスの一冊として『ヨーロッパ中世の社会史』が出版されました。その「第四講　西ヨーロッパ中世都市の特色」に、都市の形成と市民の成立の過程、そしてその意味がコンパクトに語られていますので、それをもとに新たな「市民」の登場について見てゆくことにします。

ヨーロッパに限らず原始的な農業は、焼畑や、あるいは土地の地力を使いきったらまた別の土地に移るというやり方で行なわれてきました。そのうちにセーヌ川とライン川にはさまれた地域に「三圃《さんぽ》農法」という新しい農法が生まれてきます。これは農地を三つに区分して、一つの区画には秋に種を蒔《ま》いて翌年夏に収穫する小麦やライ麦を、次の区画には春に種を蒔いてその年の夏に収穫する大麦やえん麦《ばく》を作付けし、最後の区画は休耕地として、これを順にくり返してゆくというやり方です。この「三圃農法」が一一世紀から一二世紀にかけ広がっていき、農業生産力が向上していきます。

こうして穀物の収穫量がふえてゆくと、そこに余剰生産が生じ、その穀物を中心に、各地の特産物、たとえば羊毛や大麻、亜麻、葡萄酒、地域によっては陶器やガラス製品、金属製品などを交換・売買する市場が生まれてきます。

それに加え、一一世紀の後半に入ると、遠隔の地から川船や馬の背を使って商品を仕入れ、それを売りさばく遠隔地商人が生まれてきました。遠方から隊を組んで相当量の商品を仕入れてきますから、かなりの期間それを収めておく倉庫が必要になります。その倉庫も、当時は群盗が出没していましたから、それから守るための防備が欠かせません。また、商人やその雇い人たちの宿泊所も必要になります。こうした商人が集まって、やがて遠隔地商人の定住地区が形成されてきます。

この自分たちの定住地区を認めてもらうために、遠隔地商人の団体は封建領主に対して一種の「税」を納めていました。領主は実入りがふえるのを歓迎します。商人たちもその見返りとして、自由に商売ができるという特権を手に入れます。両者のバランスがとれているうちはよかったのですが、しかし商人たちの経済力が大きくなってくると、領主は「税」の増額を要求してきます。この緊張関係が深まってくると、ついに商人団の不満が爆発するという事態も生じてきました。

その代表例が「ケルンの暴動」です。ライン川河畔に位置するこのケルンの領主は大司教でしたが、一〇七四年、その大司教が自分の客をライン川下りでもてなそうと、係留してあった遠隔地商人の船に無断で乗り込みます。それを知った商人たちは、いかに大司教であろうと勝手にわれわれの船を使うことは不法であると叫び立て、日ごろ法外な課税を強いられている憤懣もあって、反乱を起こしたのです。ついには大司教の邸宅も焼き打ちされ、ほうほうのていで逃げ出した大司教は、皇帝に調停を願い出ます。

ところが頼みの皇帝は、大司教を排除して直接、大商人たちと、さらにこれまで従属的な存在だった小商人や手工業者まで含む集団に対して、特許状を渡すのです。皇帝にしてみれば、大商人たちを味方につけて、領主たちを牽制しようということだったのでしょうが、皇帝の発行したその特許状は「ケルンの市民たちへ」となっていました。

これを契機につくられた大商人・小商人・手工業者などによる団体のことを、当時の史料では「コンユーラーチオ」というのだそうです。意味は、共に誓約した団体、つまり誓約団のことで、のちには一般的に「コミューン」と呼ばれるようになるものです。

こうして、皇帝との関係で見れば大司教など封建領主と対等に並ぶ存在としての市民団が成立します。ケルンに起こったこの動きは、その後ライン川に沿った司教支配の諸都市に伝わっていき、各地で封建領主に反抗する「コミューン運動」が起こります。そうした事態を前に、封建領主の間からは、正面から敵対するよりも、逆に商人たちを取り込んで利用しようというもくろみから、反乱が起こる前に市民団に特権を与えようという流れも出てきます。

そうした流れにも加速されて、やがて大商人を中心とする市民たちで構成される「都市」が各地に形成されてきます。その後も市民たちは幾十年もかかって、たとえば都市の城壁を築造する権利、その城壁を外敵から守る権利、軍隊をもつ権利、自治のための役人を選ぶ権利、下級裁判を行なう権利、さらには貨幣を鋳造する権利、市場税を取り立てる権利、度量衡を監督する権利などの権利内容を充実させてゆき、さらにそれを法規定として体系化していきます。それが「都市法」と呼ばれるもので、これによって西欧封建社会の中に特殊法域としての「都市」が確立され、「市民」という〝身分〟が確立されていったのでした。

※「自主」と「自治」のエートス

こうして一一世紀から一三世紀末までの間に、西ヨーロッパ全域に数多くの都市が成立しました。一三〇〇年の時点で見ると、都市法をもつ都市の数は五千余りにもなると増田氏は述べています。もっともその多くは人口一千から二千人程度の小都市だったのですが、そのほとんどは今日まで存続しているといいます。

これらの都市は、共通して四つの施設をもっています。まず一つは市場広場。古代ギリシアのポリスにあったアゴラに相当するものです。次が教会で、三番目は市の周囲を取り

▲ドイツ北部の都市ハノーファーの15世紀に建てられた旧市庁舎（ラートハウス）と広場。左端の銅像はマルティン・ルター。（木下淳氏提供）

かこむ城壁。この城壁を越える者は重罪とされ、扉のカギは市長によって保管されていて、市長の許可がなければローマ教皇の使者といえども入城することはできませんでした。

最後は市庁舎（ラートハウス）で、普通は市場広場に面して建てられており、立派な市庁舎をもつことが市民たちの誇りでもありました。そしてこの市庁舎を拠点に市政を執《と》り行う機関が、市参事会です。そのメンバーは、大きい市では二四人、小さい市では一二人で構成され、いずれも選挙によって選出されて、任期は古代アテネと同様一年と定められていました。

中世の都市に関してよく知られている言葉に、「都市の空気は人を自由にする」というのがあります。その根拠は都市法にあり、一年と一日、つまり満一年間、ぶじに都市に居住したものは、前身を問われることなく原則として自由身分になるとされていました。先に「コミューン」の語源「コンユーラーチオ」は「誓約団」の意味だということを紹介しましたが、都市では全市民が市場広場に集まって、都市法にのっとり、市長を中心に誓約するというシンボリックな行事を行なっていました。その誓約の行事は、初期には年に一度であり、したがって最長一年間をへなければこの誓約に加わることはできず、誓約に加わらない限り市民として認められなかったのです。

こうした互いの「誓約」をもとに都市が成立しているということと、さらに都市では水道や道路など公共の施設を大切にしなければ生活が成り立たないということから、公（パブリック）と私（プライベート）を明確に区別する「公共の精神」が市民の間にはぐくまれてゆきます。

このように市民一人ひとりの自主性・自発性にもとづいて「コミューン」を構成し、一致協力して外敵から守り、自治の力によって運営されたのが、西欧中世の都市でした。その中でつちかわれた「自主」と「自治」のエートスが、「公共の精神」とともに市民意識の基層を形づくります。「市民」とはつまり、自主独立の精神をもち、すすんで自治に参加し、自治をにない得る人間類型ということです。そしてこの市民像は、前に紹介した古代アテネの市民像にも重なります。

なお「都市」と「市民」というヨーロッパの言葉には、二つの流れがあります。一つはラテン語からの流れです。古代ギリシアに都市国家ポリスが栄えたのとほぼ同じころ、ローマにも都市国家が成立します。前期ローマでは元老院を構成する貴族と平民の抗争が絶えませんでしたが、政体は共和制をとっており、アテネと同じように「民会」があり、広場（フォルム、英語読みでフォーラム）がありました。この都市国家を、ラテン語でキヴィタス（civitas）といいましたが、ここからイタリア語の都市チッタ（citta）と市民チッタディーノ（cittadino）が生まれ、フランス語の都市シテ（cité）と市民シトワイアン（citoyen）が生まれ、そして英語のシティー（city）とシティズン（citizen）が生まれたのです。

一方、西欧中世の周囲に城壁をめぐらせた、しかし規模としては小さな都市からは、ドイツ語のブルク（Burg、現在の意味は城塞）と市民ビュルガー（Bürger）が生まれ、フランス語のブール（bourg、現在の意味は町）と市民ブールジョア（bourgeois）が生まれました。

このように、「市民」という人間類型は文字どおり「都市」とともに成立したのです。

※「市民革命」をへて

西ヨーロッパの歴史はその後、ルネッサンス、宗教改革、絶対王政の時代をへて、産業革命がすすむ中、市民革命の時代へと突入していきます。その中でエポックを画したのは、周知のようにアメリカ独立革命であり、フランス革命でした。

一七七六年、イギリスの一七世紀の思想家、ジョン・ロックの「人民主権」「人民の革命権」を説いた政治思想をもとに、ジェファソンが起草し、フランクリンとジョン・アダムスが手を入れた独立宣言は、次のように述べます。

「われわれは、自明の真理として、すべての人は平等に造られ、造物主によって、一定の奪いがたい天賦の権利を付与され、そのなかに生命、自由および幸福の追求の含まれることを信ずる。また、これらの権利を確保するために人類のあいだに政府が組織されたこと、そしてその正当な権力は被治者の同意に由来するものであることを信ずる。そしていかなる政治の形体といえども、もしこれらの目的を毀損するものとなった場合には、人民はそれを改廃し、かれらの安全と幸福とをもたらすべしとみとめられる主義を基礎とし、また権限の機構をもつ、新たな政府を組織する権利を有することを信ずる」（高木八尺他編『人権宣言集』岩波文庫、以下も同じ）

一読してここに、公職者の専横を恐れ、現に何十人もの指導者を追放した古代アテネの民主政の原理が生きており、また中世都市の中で形成された市民意識――「自主」と「自治」のエートスが底流にながれていることが読み取れます。

アメリカ独立戦争にはフランスからも従軍した人たちがいました。それらの人たちが持ち帰った独立宣言がいくつも翻訳され、それが一七八九年のフランス革命の人権宣言「人および市民の権利宣言」に色濃く投影されることになります。一部を抜粋します。

「第一条　人は、自由かつ権利において平等なものとして出生し、かつ存在する。（後略）

第三条　あらゆる主権の原理は、本質的に国民に存する。いずれの団体、いずれの個人も、国民から明示的に発するものでない権威を行い得ない。

第六条　法は、総意の表明である。すべての市民は、自身でまたはその代表者を通じて、その作成に協力することができる。（後略）

第一一条　思想および意見の自由な伝達は、人の最も貴重な権利の一である。したがってすべての市民は、自由に発言し、記述し、印刷することができる。（後略）

第一四条　すべての市民は、自身でまたはその代表者により公の租税の必要を確認し、これを自由に承諾し、その使途を追及し、かつその数額・基礎・徴収および存続期間を規定する権利を有する。

第一五条　社会は、その行政のすべての公の職員に報告を求める権利を有する。」

このように高々とかかげられた民主主義と人権の思想は、その後ナポレオン戦争による揺り戻しはじめさまざまの曲折をへながらも、徐々に欧米から世界に広がっていきます。

※世界に広がった民主主義と人権の思想

一九世紀から二〇世紀初頭にかけ、欧米諸国は帝国主義侵略にしのぎをけずりあいます。いわゆる帝国主義の時代です。しかしその一方で、民主主義と人権の思想も世界の各国・各地域に伝えられてゆき、とくに第一時大戦後になると、民族自決・民族独立の思想・運動と結びついて、さまざまの形で民衆運動を引き起こしてゆくことになります。

それは、たとえば日本では自由民権運動をへてやがて大正デモクラシーを生み出し、中国では孫文の指導する三民主義となって辛亥革命を生み、インドでは国民会議派の運動が「自治」への要求を深める中からガンディーの指導する非暴力・不服従運動が生まれ、またトルコでは反専制の「青年トルコ人」運動をへてケマル＝アタテュルクを指導者とする国民主権のトルコ共和国の建国を達成したのでした。

とくに第二次世界大戦後、この流れは世界史をおおう潮流となります。国連の結成から三年、一九四八年に国連総会は「世界人権宣言」を採択、七九年には、その第一条で「人民の自決の権利」をうたった「経済的、社会的及び文化的権利に関する国際規約」とあわせ、「市民的及び政治的権利に関する国際規約」が採択されました。

政治体制についても、現在ではほぼすべての国が共和制を選び取っており、王制を遺《のこ》していても実体は共和制という国がほとんどです。そしてこの共和制をささえているのが、「市民」という存在にほかなりません。

3　日本にも訪れた「市民の時代」

※「臣民」の時代と「体制変革」の時代

周知のように、日本では第二次大戦まで、大日本帝国憲法によって国民は「臣民」と規定されていました。言論の自由や結社の自由など「市民的自由」には「法律の範囲内に於て」という鉄のタガがはめられ、とくに昭和に入り、治安維持法と特高警察が猛威をふるうようになると「市民的自由」は完全に窒息させられることになります。「市民」が存在し得る条件はどこにもありませんでした。

第二次大戦後、基本的人権・主権在民を支柱とする日本国憲法が制定され、ようやく民主主義が根付く素地がつくられました。つまり、「市民」の生まれる条件ができたわけです。しかし実際に「市民」が層をなして登場するまでには、まだ長い助走の期間が必要でした。

戦後の一九四〇年代後半から五〇年代前半にかけては、社会運動が最も高揚した時代だったといえます。企業にはいっせいに労働組合が結成され、食糧危機のなか生活を守るためにストライキを打ち、デモの波が街路や広場を埋めました。史上はじめて赤旗が皇居内に入った食糧メーデー（一九四六年）や、占領軍命令によって寸前で中止させられた二・一ゼネスト（四七年）などさまざまの動きが現代史に記録されています。

このように民衆運動は燃えさかりましたが、その焦点はとくに指導層の内部で資本主義から社会主義への体制変革という問題にしぼられていきます。当時の政治意識の高い労働者や知識人、学生たちをひきつけたのは、資本主義社会の分析に明快な視角を与えてくれたマルクス主義の理論であり、もろもろの社会的差別の土台に横たわる経済的不平等の構造的な変革、つまり社会主義革命だったからです。当時の青年たちの多くが、ヒューマニズムや社会正義はこのマルクス主義の実践によって実現されてゆくのだと信じていたのでした。

一九六〇年の安保闘争をへて六〇年代に入った後も、社会運動の主流を占めたのは、組織された労働者（労働組合）の運動であり、学生の運動でした。争議の現場では、労働歌「がんばろう」とともにロシア革命でも歌われた「インターナショナル」が歌われていました（ちなみにその歌詞は「起《た》て飢えたる者よ　いまぞ日は近し」と始まります）。

こうした中で、とくに政党や労働組合運動のリーダーたちにとって直接に体制変革をめざすのではない市民運動に対する評価が低かったのは当然だったともいえます。

※市民運動の発展と「市民」の定着

しかしやがて、六〇年代半ばからの自治体改革や平和運動などの中から新しい運動が育ちはじめてきます。組織に属さず、とくにだれかから指示されたわけでもなく、自分自身の判断で自発的に集まった人たちによる社会運動です。それはまさに市民による運動でした。引きつづき七〇年前後から始まる反公害・環境保護運動や教育運動などの中で市民運動は本格的に広がっていきます。そしてこの市民運動の中から、日本にもようやく「市民」が形成されてきたのでした。

こうした動きを先駆的にとらえ、理論化をはかったのが政治学者の松下圭一氏です。一九六六年、松下氏は論文「〈市民〉的人間型の現代的可能性」を発表します（『思想』六月号、現在『戦後政治の歴史と思想』ちくま文庫所収）。その冒頭で氏は、「戦後二〇年をへた今日、マス状況の拡大のなかから『市民』的人間型が日本でうまれつつある」と宣言し、次のように述べています。

「戦後、とくに〈安保〉と〈所得倍増〉に象徴される一九六〇年をへて、『新憲法』を制度的前提とする戦後《民主主義》の定着、『高度成長』による《工業》の急進は、日本でも市民的自発性を醸成しうる条件を成熟させてきた」「明治百年の歴史のなかではじめて『市民』が成立する社会的条件が成熟してきたと診断しうる時点に、日本はたったといえるのである」

この論文が発表された後、六七年から七〇年にかけ、日本の社会に民衆運動のあらしが吹き荒れます。一つはベトナム反戦運動であり、次が沖縄の施政権返還をめぐる運動であり、最後が全国の大学から高校までも巻き込んだ学園紛争のあらしでした。この三つはともに重なり合って燃えさかります。一方、この時期、市民参加による自治体改革の要求が大きな波となって全国に広がりました。その結果、一九七〇年の自治体統一選挙では、当時の全国の「市」の三分の一を革新自治体が占めることとなります。

こうした動きをうけて一九七五年、松下氏は『市民自治の憲法理論』（岩波新書）を出版しますが、冒頭の「はしがき」で松下氏は次のように「市民」を定義づけていました。

「市民とは、自由・平等という共和感覚をもった自発的人間型、したがって市民自治を可能とするような政治への主体的参加という徳性をそなえた人間型、ということができる」

こう規定した後、松下氏は、「市民」を生みだすにいたった日本の社会の変化について述べています。先の引用とも重なりますが、だいじな指摘ですので引用します。

「今日、戦後の工業と民主主義の成熟によって、問題点をふくみながらも、規範概念としての市民的人間型が、日常の個人の行動様式・思考形式として機能しはじめてきたという、日本の政治文化の変容を注目しなければならない。そこに、新憲法感覚の定着傾向だけでなく、客観的には余暇と教養の社会的チャンスの増大、主体的には討論・組織という市民的政治訓練の蓄積とあいまって、階級規定としての労働者階級その他の内部から、市民的人間型の大量醸成の条件が形成されてきたという、日本における人間型の転換の歴史的現実の成立こそを透視すべきなのである」

戦後の四半世紀にわたる労働運動、民主化運動、平和運動の蓄積と、そして高度経済成長がもたらした豊かさや生活のゆとりによって、ようやく日本にも「市民」が活動する条件が生みだされてきたというのです。

その後、市民運動は環境・平和・教育問題をはじめ、情報公開や市民オンブズマン、女性の社会参加の問題などさまざまな問題に取り組んできました。一九九〇年代に入ると、日本でもNGO（非政府組織）という言葉が一般化します。さらに、日本のボランティア活動にとって一つのエポックとなった九五年の阪神・淡路大震災を契機に、市民運動の活動条件をととのえようという気運が高まり、九八年には議員立法によって市民運動団体により広く法人格を認めるNPO法（特定非営利活動促進法）が成立しました。二〇〇〇年末現在、NPO法人はすでに三〇〇〇を超えています（内閣府調べ）。

NGOの中には、海外のNGOと協力して国際的に取り組んでいるグループも少なくありません。国連の諸活動も、いまではNGOの協力を抜きにしては語られなくなりつつあります。九六年、国際司法裁判所の「核兵器は原則として国際人道法に反する」という勧告的意見を引き出した世界法廷プロジェクトも、また九七年、対人地雷全面禁止条約を実現したのも、国境をこえたNGOの連携活動によるものでした。これらの活動には日本のNGOも参加しましたし、またアジア各地では二〇〇〇年末現在、一八〇もの日本の市民によるNGOが植林や難民支援で活動しているといいます。

日本国内では、九〇年代後半、新潟、岐阜、沖縄、徳島とあいついで、原発、産廃場、軍事基地、河川の可動堰《ぜき》の建設をめぐって住民（市民）投票が行なわれ、住民（市民）の意思を直接、明確に示し得たという点で、日本の民主主義に大きな足跡を刻みました。そしてこの住民投票については、地方自治体での条例制定にとどまらず、その法制化が全国規模で取り組まれています。

地方分権の流れの中で、地方自治もまた新たな段階に入りつつあります。二〇〇〇年末、北海道のスキーと温泉で知られる町、ニセコでは、全国に先駆けて「地方自治基本条例」を制定しました。そこでは「町民はまちづくりの主体であり、まちづくりに参加する権利を有する」とその理念がうたわれ、そのために「まちづくりにおける町民の権利と責任を明らかにし、自治の実現を図ること」を目的にかかげるとともに、それを保障する基本原則として「情報の公開」と町の「説明責任」の明確化を盛り込んでいます。そしてこの条例の制定以後、全国各地の市町村から、条例のくわしい内容についての問い合わせが殺到しているといいます(『朝日新聞』二〇〇一年一月九日付)。

こうして、市民運動とともに「市民」が登場してきてからすでに三〇年、日本の社会にも明確に質的な変化が生じつつあります。日本も明らかに「市民の時代」に入ったのです。

であるなら、教育も「市民の時代」にふさわしい教育にならなくてはなりません。その教育とは、自由と平等の原理に立って、だれもが住みやすい平和で公正な社会の建設に主体的に参加できる人間――つまり「市民」を育てる教育です。そしてその条件は、すでに十分に醸成されているのです。

IV

「市民」を育てる教育

1　「市民的教養」と「市民的徳性」

※改めて「市民」とは何か

前章で、歴史的に形成されてきた「市民」概念について見てきました。以下の議論のために、ここでそれを整理しておきます。

古代アテネの民主政は、成年男性の「市民」のみによる特権的なものではありましたが、政治システムそのものは、民会（市民総会）を最高議決機関として、役職者の選出が抽選によって行なわれ、任期も一年と定められていたことにも見られるように、徹底して〝特権〟を排除した全員参加の政治――文字どおりのデモクラティア（デモクラシー）でした。

そこでは、「市民」は民会に参加するとともに、役職者に選ばれれば公正かつ忠実にその責任を果たさなくてはなりませんでした。その意味で、徹底した平等の下に全員が参加し、同時に公的な責任を引き受けていたのが、古代アテネの民主政における「市民」だったといえます。

西欧中世都市に出現した「市民」を特徴づけるのは、「共同体」と「自治」です。封建領主との対抗関係のなかで生まれた都市は、住民全員の〝誓約〟にもとづく共同体（コミューン）であり、外部に対して強い結束力をもっていました。それは自ずから、自分たちの都市に対する強い愛着と誇りを生みます。また都市の生活の中では必然的に「公共の精神」がはぐくまれます。そうした愛郷心と「公共の精神」をそなえ、共同体の「自治」をささえていたのが、西欧中世都市の「市民」たちでした。

こうした歴史の流れを引き継いで、近代に入り、市民革命をへて民主主義と人権の思想が確立されます。現代における「市民」とは、ひと言でいえば、この民主主義と人権の思想を体現した人間類型といえます。

いくつかのキーワードがあげられます。思想・言論の自由をはじめとする「市民的自由」、特権や差別を認めない「平等」、自主性・自発性にもとづく「参加」、主体的に引き受ける「責任」、そして「自治」です。

「市民」とはつまり、うんと単純化していえば、自由と平等の原則に立って、一人ひとりの尊厳を守るとともに、全員が参加し、全員が責任を引き受けることにより、自分たちの社会を自分たちの手で治めてゆくこと（自治）のできる人間類型ということになります。

そして、そうした「自治」の形態を「民主主義」と呼ぶのです。

※「市民」を育てる教育の二本の柱

さて、ではこうした「市民」を育てる教育では、何が求められるのでしょうか。二つの側面が考えられます。

まず一つは、知識や認識の面での教育です。自立した市民として、自治に参加するためには、自分で考え、自分で判断が下せなくてはなりません。自分で判断を下すためには、少なくとも基礎的なことについての知識と認識をそなえ、それにもとづいて一定の見識をもつことが必要です。

先に紹介した古代アテネでは、選出された役人に対し民衆裁判所で「資格審査」を行なったさい、読み書きや計算、一般常識などの試験はいっさいありませんでしたが、その理由について、橋場氏はこう述べていました。

「一人前の市民であれば、役を務めるのに必要な程度の教養は身につけていて当然というのが、アテネ市民共通の認識だったようだ」

二千数百年前にくらべ、現代の私たちの生活環境ははるかに複雑化しています。科学の発達も比較になりません。生きる空間も世界大にひろがりました。したがって、身につけるべき「市民」としての教養もより広い教養が求められます。そして、そうした教養を身につけるためには、やはり系統的な学習――教育が必要です。

「市民」として身につけておきたい教養――それを私は「市民的教養」と呼びます。この「市民的教養」が、「市民」を育てる教育の一つの柱となります。しかしこれについては次章で改めて取り上げますので、ここでは指摘するだけにとどめます。

もう一つの側面は、「市民」として行動するさいに必要な自覚と能力、技能、態度をめぐる教育です。

自立した「市民」として主体的に「自治」に参加してゆくためには、明確な自覚と、能力、技能が必要とされます。

まず「権利主体」としての自覚です。あわせて社会の構成メンバーとしての自覚と責任、言いかえれば「公共の精神」も必要です。

あるいは、討議ができる能力です。自分の意見を簡潔にまとめて発表し、理性にもとづいて話し合い（討議）をするには一定の能力と技能が必要ですし、またそうして導き出された結論は尊重するという態度が必要です。感情にまかせて暴言を吐いたり、相手を恫喝したりすることはきびしく戒められねばなりません。

あるいはまた、他者にはたらきかけ、互いに協力できる能力です。たとえば何かの要求を実現したいと思っても、一人ではできません。まず〝仲間〟をつくり、その輪を広げることが必要となります。それには、自分の思いを伝え、事情を説明し、場合によっては説得も必要でしょうし、さらには会議を組織することも必要になり、そのさいにはできるだけ多くの人の意見を引き出し、公正かつ効率的に議論をすすめてゆくことが求められるでしょう。こうしたことをやり切るには、当然、それなりの能力と技能、態度が必要となります。

そして重要なことは、いずれの能力、技能、態度についても、そうしたことを実際に行なう中でしか、その力、態度は身につけることができないということです。つまり、実際にやってみることによってしかそうした力は獲得できないのです。

したがってそのためには、学校での教育活動の中にそうした活動のための〝場〟と〝機会〟が用意されることが必要になりますが、それは別に事新しいものではありません。現行の学習指導要領でもそれは、「特別活動」として位置づけられています。その内容は、学級（ホームルーム）活動、児童会（生徒会）活動、クラブ活動、種々の学校行事といったものです。

私がこれから述べようとしている自主活動も、具体的にはこうした諸活動を通して展開されることに変わりはありません。ただ私は、それを、「市民」を育成するのに不可欠の、きわめて重要な教育活動として位置づけなおしたいと言っているだけです。

自主活動が保障され、適切な助言と励ましがあれば、生徒たちは思いもかけないようなエネルギーを発揮し、さまざまの創造的活動に取り組んでいきます。そしてその中で、やがて「市民」として主体的に自治に参加してゆくのに十分な自覚と能力、技能、態度を身につけてゆくはずです。

このような教育を、私は「市民的徳性」の教育と名づけてみました。「徳性」では能力や技能といった要素が抜け落ちてしまいそうですが、これまで述べてきたような意味内容を含めて、先にⅢ章で紹介した松下圭一氏の「定義」にあった言葉を借りてこのように呼ぶこととします（松下氏の六六年の論文によると、モンテスキューは民主主義の精神として「市民徳性（virtu）」を挙げているそうです）。

英語には、すぐこのあと紹介しますが、さすが「市民」のふるさとだけあって「シティズンシップ」という適切な言葉があります。シティズンシップは「市民性」と訳されたりするようですが、シップ（ship）には性質や状態、地位、資格などのほか「リーダーシップ」「ステーツマンシップ（政治的手腕）」からもわかるように能力、技能の意味も含まれています。また「スポーツマンシップ」に見るように〝精神〟の意味もあります。つまり「シティズンシップ」には、「市民」としての自覚、能力、技能、態度のすべてが含まれていると考えられます。したがって無理に「市民的徳性」といった用語を当てないで「シティズンシップ」を使った方がよいかも知れません。

ともあれ、「市民的徳性」の教育は、「特別(な)活動」として付録的にあつかわれるものではなく、「市民的教養」と並んで重要な意味をもつものです。したがって、この「市民的徳性」が、「市民」を育てる教育のもう一本の柱となります。

2　英国のシティズンシップ教育

※英国の「教育改革」の背景

ここで紹介する英国のシティズンシップ教育とその背景については、すべて教育学者の佐貫浩氏の論稿から教えられたものです。佐貫氏は、一九九九年度の一年間、英国に留学、同国の教育の状況と教育改革の現状をしさいに見てこられました。

世界の他の国々と同様、英国の社会もまた劇的な変化のただなかにあります。佐貫氏の論稿「底辺階層の形成とリテラシー政策」（『教育』二〇〇一年二月号所載）によると、青年男性の失業率は一九八九年の二〇・五%から九九年には三一・二%へと増大し、また結婚していない女性の出産が出産全体の四〇%に近づこうとしているといいます。

その背景には、市場原理にもとづく競争による活力化をめざしたサッチャー元首相の新自由主義政策があり、これによって「英国病」から立ち直る一方で、この一〇年の間に英国社会の階層分化が急速にすすみ、いまや「アメリカ社会に匹敵する」ほどの底辺階層を抱え込んでしまったということがあります。

同時に、これまで英国社会を包んでいた伝統的なきずなも急速に解体しつつあるといいます。たとえば教会によるきずな。二〇〇〇年現在、半数強（五四%）の人々が結婚と葬儀とクリスマス以外は教会に行かないというのです。さらに、毎日曜日に教会に行く人の数は、毎週二千人ずつ減っており、このままいけば二〇一六年には百人に一人以下となって、「教会が一世代のうちに出血死してしまう」とタイムズ紙は警告しているそうです。

同様の解体現象は、家族や社会福祉についても見られ、それによって国民的統合の土台が激しく揺さぶられているのが英国の現状だといいます。

そこで、こうした危機状況を克服するため、一九九七年に政権についたブレアー首相の率いる労働党政府は、八八年以降の保守党政権による教育改革の枠組みを基本的に引き継いで、その政策の重点を「エヂュケーション、エヂュケーション、エヂュケーション」と表現し、底辺階層の成人に対するリテラシー（読み書き能力）教育をすすめるとともに、学校教育の改革に取り組んでいるのです。（以下、佐貫浩「イギリスにおける新たなシチズンシップ教育への挑戦」『平和教育』五八号所載による）

この学校教育改革の第一の目標は、学力の向上です。そのためナショナル・カリキュラムを設定し、七歳・一一歳・一四歳・一六歳の学年での到達基準を設定してナショナル・テストを実施し、その結果は各学校別に一覧表（リーグ・テーブル）として新聞に発表されます。

また、教育基準局による「査察」が各学校に対して四年に一回行なわれ、その評価も公表されます。そして親は、この二つの公表されたデータをもとに、子どもを通わせる学校を選択するというのです。

※「クリック・レポート」に見るシティズンシップ教育

こうしたドラスティックな学力向上政策に加え、もう一つ教育改革の目標として立てられているのが、揺らいできた国民統合のための教育です。そしてこれが、シティズンシップ教育なのです。

シティズンシップ教育は労働党の教育政策の中でも最も重視されているものの一つだそうですが、その背景には選挙での若い世代の投票率の低下があるといいます。一九九二年の総選挙で「投票をしいなかった」一八〜二四歳の青年の割合は二五%でしたが、労働党が勝利した九七年の選挙では、その比率は三二%にハネ上がりました。この事態に危機意識をもったブランケット教育・雇用大臣は、かつての恩師であるロンドン大学のバーナード・クリック教授に、シティズンシップ教育の強化について諮問します。それを受けて九七年秋、「シティズンシップ・二〇〇〇グループ」が発足、その報告が翌九八年に「クリック・レポート」として公表されたのです。

佐貫氏によると同レポートは、「キー概念」と、目標とされる「価値」、そしてそれを達成するための「スキル(技能、わざ)」から構成されているそうですが、その「価値(目標)」には、たとえば次のようなものが挙げられています。

——人間の尊厳と平等性への確信
——寛容の実践
——討論と証拠の光の下で、自己の見解や態度を変えていくことへの開かれた積極性
——機会の平等やジェンダーの平等への関与
——行動的シティズンシップへの関与

――人権への関心
――環境への関心
そしてその「価値」を実際に身につけてゆくための「スキル」として、佐貫氏はその一部を次のように紹介しています。
――道理にかなった主張を書いたり話したり出来る能力
――他者と協同し、効果的に働く力
――他者の視角や経験を評価し考慮する能力
――他者の視点に対する寛容の能力
――問題解決的なアプローチを展開する能力
――目前に提出された証拠に対する批判的接近方法と新しい証拠を発見する能力
――社会的、道徳的、政治的な状態や挑戦に対して、識別し、応答し、影響を与える能力

以上に紹介した「価値」は、民主主義社会に求められる諸価値にほかなりませんし、また「スキル」はその民主主義社会をささえる「市民」に求められる能力・技能にほかなりません。したがって、「市民的徳性」をつちかう教育を構想し、実践するに当たっては、この「クリック・レポート」は大いに参考になるでしょう。

英国では、このレポートの提言に沿って、二〇〇一年から学校でのシティズンシップの教育が強化され、とくにセカンダリー・スクールでは二〇〇二年からこの授業が義務化され、総授業時間の五％を当てることになっているそうです。ただし問題は、これが独立した教科ではなく、他の教科の中であつかってもよいとなっているために、うやむやのうちに〝消化〟されてしまうのではないかという批判、心配もあるようです。

しかしそれにしても、こうした「市民」を育てる教育——シティズンシップの教育が、政府の最重要政策の一つとして正面からすすめられようとしているのです。この方針は、先に述べたように、国民的統合のきずなが崩れつつあるという状況に対し、新たな「国民統合のための教育」として打ち出されたものでした。しかしその「国民統合」が、「国旗掲揚」「国歌斉唱」や、上からの「奉仕活動」の強制によってでなく、「市民としての政治的統合」（佐貫氏）としてすすめられていることに、社会に根ざした民主主義の深さの違いをいやおうなく思い知らされてしまうのです。

3　自主活動はどのように生徒を変えるか

※一女子高校生の「学園祭」体験

では、自主活動は実際に生徒をどのように育てるのでしょうか。一人の女子高校生の場合を見てみることにします。『月刊ジュ・パンス』一九九八年一〇月号に掲載した加川晶子さん（当時、三年生）の手記にもとづく特集です。

北海道立網走南ケ丘高校（以下、南高と略称）は、オホーツク海をのぞむ高台に建つ高校です。南高では毎年七月中旬、学園祭「南高祭」が行なわれ、全クラスが「仮装」「クラスイベント」「垂れ幕」の三部門に参加、出来栄えを競い合います。

晶子さんのクラス「3Ｄ」では仮装とクラスイベント、それに露店については責任者が決まりましたが、垂れ幕だけは決まらず、ホームルームの空気が重くよどみます。沈黙の中で、晶子さんの後ろの席の子がそっとたずねました。「加川さん、何やるの?」。晶子さんは美術部員だったので、「一応、垂れ幕に入るつもりなんだけど」と答えます。「じゃあさ、責任者やったら?」「え、う、うちが?」。

晶子さんはうろたえ、困惑します。というのも、彼女は生来の引っ込み思案で、クラスにも話せる友達はわずかに二人、とくに男子は、昔いじめられた記憶があって、声をかけることもできなかったからです。しかし、垂れ幕の責任者はいつまでたっても決まりません。後ろの席の子の強引な説得もあり、とうとう晶子さんは垂れ幕の責任者を引き受けさせられてしまいます。垂れ幕製作のチームは八名。

七月に入ると、学園祭の取り組みがいっせいに始まりました。グラウンド脇には、全クラスに一つずつ割り当てられた作業用のテントがずらりと並びます。3Dでは仮装のテーマが「虫歯」、クラスイベントは「ジュラシック・パーク」と決まりました。ところが垂れ幕のデザインが決まりません。晶子さんは美術部員ではあるけれど、絵には自信がないのです。結局、絵のうまい洞ケ瀬さんが仮装のテーマにちなんで虫歯の絵を描いてくれることになりました。それに「歯が命　3D」と銀紙の文字を入れることになり、晶子さんは一人でその文字作りに専念します。

垂れ幕は、幅九〇センチに長さ九メートルと巨大なもの、文字数は少ないといっても作業は大変です。まずレタリングした特大の文字の下に新聞紙を敷き、文字のふちを細かく針で突き刺していって型取りをし、それを切り取って段ボールに写し取る。そのさい、新聞紙がずれないように段ボールの下から待ち針をたくさん打つのですが、これが大変で、打ち間違えて晶子さんは右手首をさんざん突き刺す羽目となります。それでも何とか段ボールを切り抜いて、その上に銀紙を張り、その銀紙の文字を垂れ幕にボンドで貼り付けました。しかしまだ最後の仕上げが残っています。

垂れ幕の提出期限は南高祭の一週間前の日曜日、天気が悪ければ翌日となっていました。その日曜の早朝四時半、晶子さんは起きて空を見ます。どんよりと重い雲。これなら提出は明日だな、とのんびりしていたところ、突然、電話が鳴ります。「あ、加川さん。今ね、みんな学校に来て垂れ幕やってるんだけど、大変なの！」「えッ、大変ってどうなってるの？」「とにかく大変、早く学校に来て！」。

お父さんに車を飛ばしてもらって学校に行くと、作業テントの中で、一〇人ほどのクラスメートが垂れ幕を取り巻いています。「垂れ幕の提出日、今日でしょう？」「それで手伝おうと思ったんだけど、色つけとかがわからないんで、加川さんに教えてもらおうと思って……」。

提出はたぶん明日だといっても、まだみんな不安な顔です。他クラスの顔見知りが「提出は明日」と教えに来てくれて、やっとみんな落ち着きました。

それにしても、みんな自分たちの仕事だけでも忙しいのに、担当外の垂れ幕のことでこんなにたくさんの友達が心配して駆けつけてくれたのです。晶子さんの胸は感激でいっぱいになります。垂れ幕はその日の午後、完成、さらに洞ケ瀬さんが家に持ち帰り、細かいところに手を入れてくれました。

翌日、全クラスの垂れ幕一八本が屋上から校舎の壁に吊り下げられました。「歯が命３Ｄ」の銀色の文字が日の光にキラキラと輝いています。

垂れ幕の仕事が終わった後、晶子さんは仮装の仕事の応援に入ります。この仮装というのは、各クラスがテーマを象徴する「山車《だし》」を作り、その山車の周りでクラスの全員が思い思いの扮装でアトラクション（ダンスや寸劇）を演じ、テーマをアピールするのです。３Ｄが作ったのは巨大な歯の形をした山車で、それにショートケーキやｋｉｄｓ、虫歯、バイ菌、歯ブラシ、歯医者さんなどの仮装が登場します。晶子さんが受け持ったのがその登場人物たちの衣装作りで、サテンの布地を家にもって帰り、夜中までかかって全部で五、六着は作ったでしょうか。

このころになると、どのクラスも時間とのたたかいになります。校内での時間が過ぎると校外で、外が暗くなったら学校近くの友達の家に行って作業を続けます。アトラクションの方も大変です。なにしろ虫歯が口の中から飛び出してくる場面では、側転とか宙返りなどの激しいアクロバットを連発するのです。朝早く集まってみんなで朝練《あされん》、夜は近くの幼稚園などを借りて一〇時くらいまで特訓を続けたのでした。

一方、クラスイベントの「ジュラシック・パーク」のチームも必死の恐竜作りが続いていました。まず新聞紙を丸めてガムテープで貼り合わせ、大まかな形を作った後、さらに新聞紙をちぎって貼りながら形を整え、その上に模造紙を貼ってゆく。最後に恐竜のゴツゴツした感じを出すため細かくした発泡スチロールをくっつけ、それに色付けしてゆく。爪やキバは紙粘土で作り、それをボンドで貼りつける。そうして作った恐竜が四体。そこに模造のシダの巨木などを持ち込んで、3Dの教室は手作り「ジュラシック・パーク」へと一変したのでした。

さて、いよいよ南高祭の当日。九時から始まるアトラクションの審査のため、みんな六時に学校に集合、顔や足にペイントを塗って準備に入ります。晶子さんはショートケーキと歯ブラシの二役だったので顔を白く塗るだけですみましたが、虫歯の役はペイントでものすごいメーキャップ。

グラウンドでのアトラクションが始まり、3Dの出番を迎えました。まずkidsとショートケーキの踊りで始まり、ケーキが口（山車）の中に放り込まれます。すると口の中から虫歯が飛び出して激しいアクションを連発。さらにそこへ何本（何人？）もの歯が登場して、バイ菌といっしょに踊りまくります。そのうち曲は「歯みがきの歌」に変わり、グリグリシャカシャカ、ｋｉｄｓと歯磨きをかかえた歯ブラシが登場、最後に自転車に乗った歯医者さんが登場して虫歯を抜くと、虫歯が倒れ、「食べたら磨こう、約束げんまーん」のフレーズで終わるというミュージカル風寸劇でした。

グラウンドでの演技が終わると、仮装パレードに移ります。中央公園に向かって街の中を練り歩くのです。晶子さんが扮していた白い大きな三角形のショートケーキは中でも目立ちました。子供たちが「あ、ショートケーキ、ショートケーキ！」と歓声をあげるたびに晶子さんの顔は真っ赤になります。

中央公園では二度目のアトラクション。ここでは市民のみなさんの審査を受けます。そして最後は商店街の真ん中を通って帰路につくのですが、ここがまたものすごい人だかり。晶子さんは再び大汗をかくのですが、その人だかりの中に晶子さんのお母さんもいて、娘の晴れ姿(?)を見ていたのでした。

南高祭の二日目は、クラスイベントと露店。３Ｄの「ジュラシック・パーク」は途中で教室に造った「池」の底に敷いたシートが破れ、中の水が漏れて階下の教室を水浸しにするというハプニングはありましたが、とにかく大盛況のうちに終わりました。

夕方、四時半になると後夜祭の開幕です。プログラムは、まず「綱引き」、ついで「未成年の主張」、バンド演奏、そしてついにグラウンド中央にセットされたキャンプファイヤーに火が入りました。燃え上がる炎。その周りをフォークダンスの輪が取り囲みます。今年の曲は「マイムマイム」と「サンバ・デ・ジャネイロ」。だれもが頬を赤く染めて踊っています。

いよいよ審査結果の発表の時が来ました。どのクラスも息を詰めて発表を待ちます。最初の部門は「垂れ幕」。「もしかしたら一位……いや、やっぱりダメかも……」晶子さんは不安と期待でいまにも心臓が破裂しそうです。

結果は二位でした。ホッとすると同時に、少しがっかりです。心のどこかに一位が取れるかもしれないという思いがあったからでした。つづく「仮装」も3Dは二位、クラスイベントは四位でした。そして総合は、二位。

後夜祭が終わり、作業テントのところでショートホームルームを開きました。みんな沈んでいます。優勝をめざして頑張ったのに、二位に終わってしまったからです。そんな空気を吹き飛ばすように、北野君が叫びました。「二位だぞッ！　優勝じゃないけど、二位なんだ。みんな、もっと喜べーッ」

この後、各部門の責任者がひと言ずつ感想を述べることになりました。晶子さんも指名されて話し始めましたが、途中で胸がいっぱいになって声がつまり、涙があふれ出してきました。責任者らしいことは何もできなかったのに、そんな私をみんなちゃんと責任者だと認めてくれている……それがうれしくてならなかったのです。

胴上げが始まりました。最初は担任の先生、つづいて各部門の責任者。晶子さんも、少し太めで気がひけたけど、一回、二回と宙に舞ったのでした。

こうして、晶子さんにとっての最後の南高祭が終わったのですが、そのレポートの最後を、晶子さんはこう結んでいました。

「私はこれまで、クラスの人は怖い、近寄ったら嫌がられると思い、なるべく人にかかわらないようにしてきた。でもそれは、私の思い込みだった。そう気づいたら、少しだけ心が楽になった。自分にも生きてる価値があるんだって！　そんなふうに私を少しだけ変えてくれた南高祭、きっと一生忘れないと思う」

※獲得した〝人間信頼〟と〝自己肯定〟

このレポートから、いくつか大事なことが読み取れます。

まず一つは、ここには担任の先生がおもてだっては現れないことです。ということは、この南高では学園祭への取り組みが伝統化されており、生徒の自主的な活動として展開されているということです。

次に、晶子さんの中に起こった変化です。この最後の南高祭に取り組むまで、晶子さんは自ら述べているように「クラスの人は怖い、近寄ったら嫌がられると思い、なるべくかかわらないようにしてきた」という生徒でした。しかし、むりやり垂れ幕の責任者を引き受けさせられたことで、いやおうなく級友にかかわる羽目になります。それでも初めのうちは、やはり一人で作業をしていました。銀紙の文字は、晶子さんがほとんど一人で製作したのです。

しかし、提出予定の日曜日、せっぱつまった電話で学校に呼び出された晶子さんは、そこに心配して駆けつけてくれた一〇人あまりの級友たちの姿を見ます。なるべく人にかかわることを避けてきた晶子さんの心の殻に、ここで裂け目が生じます。垂れ幕が完成した後、晶子さんは自らすすんで仮装の衣装づくりを申し出て、五、六着もの衣装を作るのです。

つまり、それまで他者にかかわれなかった晶子さんが、この〝事件〟を機に、積極的に他者にかかわれる（かかわろうとする）ようになったのです。

他者にかかわれるようになると同時に、もう一つ、晶子さんが手に入れた大事なものがあります。それは、級友たちへの信頼、言いかえれば〝人間への信頼〟です。級友（人間）が信頼できるものであるなら、もはやそれを恐れたり、避けたりするはずはないのです。

あわせてもう一つ、晶子さんが手にした、かけがえのない宝物があります。自分自身に対する評価、つまり〝自己肯定〟です。後夜祭のあとのショートホームルームで、感想を述べながら、晶子さんは涙で声をつまらせます。「私をみんなちゃんと責任者として認めてくれている」ことを体で感じ取ったからです。レポートの結びにも、晶子さんは書いていました。「そして自分にも生きてる価値があるんだって！」と。

さらに、こうした晶子さんの変化は、お母さんの娘に対する認識にも変化をもたらしたはずです。いつも孤独で、うつむきかげんだった娘が、ショートケーキの衣装をつけ、街の中を踊りながらパレードする姿は、お母さんにとっては驚くべき発見だったにちがいありません。

このレポートを寄せてくれてから半年あまり後、晶子さんから『ジュ・パンス』編集部に手紙が届きました。そこには、教師になることをめざして函館の教育大に合格したこと、そのため家族と離れて一人暮らしをしていることを報告した後、自分のレポートが『ジュ・パンス』に掲載されたことで「本当に少しずつだけど、『私』という存在に対して自信がもてるようになりました」とあり、最後にこう書かれていました。

「……私にとって『ジュ・パンス』と出会い、一年間モニターをやらせてもらったことは、人間的、精神的に成長するキッカケになりました。本当にありがとうございました。

そのお礼の意味をこめて、ちょっとしたものを送ります。お口に合えばいいんですけど……。みなさまで食べてください」

※削減されてゆく行事

自主活動は、そこに参加した生徒をこのように変えることができます。こうした変化は、道徳講話を何十回聞いたところで生まれることはありません。というのも、現実に他者とかかわり、他者とぶつかりあう中でしか、人は変われないからです。

そして、文化祭（学園祭）をはじめとする行事は、こうした他者とかかわりあう機会を最も豊かに提供してくれる場なのです。

ところが残念なことに、いま行事は学校生活の中から年々削減されつつあります。最大の理由は、受験体制と、さらに週五日制への移行にともなう授業時数の確保です。たとえば、次のような高校の先生の声があります。

「学校五日制への移行が始まり、各学校で行事の削減がすすめられている。我が校も文化祭を二日か一日か、という議論がなされた。修学旅行さえ検討されている学校もあるという。授業以外の場で生徒を教育するという役割は学校は果たさなくていいのかと心配だ。行事の見直しについて他校の状況が知りたい」（兵庫／T・M）

この声を受けて、『ジュ・パンス』編集部では二〇〇〇年八・九月合併号で、行事削減についてのレポートを募りました。寄せられたレポートのうち「行事削減については話題になっていない」のは四六名中一一名、残り四分の三の学校では何らかの動きがあるという結果でした。そのうちのいくつかを紹介してみます。

「進学校ではありませんが、本校でも同様です。文化祭を二日で行なうという企画が生徒会から出されたときも、今まで実施したことがなかった新しい行事を生徒会が提案したときも、まず真っ先に、大学・短大の推薦入試が始まる時期なので自粛してほしいという意見が出ました」（福島／M）

「本校でも、遠足、予餞会に始まり、ロードレース、水泳大会、スキー教室がなくなっていった。なくてもよい行事があると考える一方で、授業以外の場で教員と生徒が理解し合う場は必要だと思う。単に授業時数を確保したいからということだけで行事を廃止していったのでは、予備校と何ら変わらなくなる。生徒たちも、『だんだん学校がつまらなくなっていく』と感じているようだ」（宮城／K・K）

「新教育課程への移行にともない、授業時数確保という話が管理職から出されました。具体的には一一二〇時間の確保が移行期に必要だということのようで、年間行事計画を立てる際にも、各分掌では、行事の見直しということで、

体育祭や文化祭を現行の例年開催から隔年開催へ

文化祭を一日に

修学旅行は三泊四日から二泊三日へ

などの検討が考えられているようです」（新潟／匿名希望）

「私がこの春異動した高校ではあいついで行事が消えている。あるいは形だけとなっている。学校からほとんど生徒主体の行事が消えてしまったのである。陸上競技大会は中止、文化祭は縮小。とくに文化祭の内容はヒドイの一言。夏休み明けの第一週に早々と終了させている始末である。自治活動はほとんど考慮されていない。自治活動の指導を担当する『特活課』は二・三年学年団からはメンバーが入っていない。『一学年団ですませてくれ』と言わんばかりの編成である」（石川／N・S）

まだありますが、これくらいでやめておきます。

文化祭といえばかつては秋の行事となっていましたが、受験体制優先を理由に一九八〇年代の半ばころから、少しオーバーに言えばなだれを打つように一学期に移されてきました。ところが現在は、文化祭そのものも削減されかねない状況なのです。

※「市民的徳性」獲得の場としての行事

くり返しますが、行事には他の何物にも代えられない教育力があります。いわば教育活動の宝庫です。それなのに、いま見てきたような動きは、その教育活動の宝庫をみずから放棄しようとしているのです。浅はかな愚行と言うしかありません。

先ほどの加川晶子さんの手記を掲載した『ジュ・パンス』一九九八年一〇月号には、同じ網走南ケ丘高校の生徒会顧問（当時）の武田瑞生先生の文章「文化祭がもつ大きな教育力」が寄せられていました。短い文章ですが、行事のもつ本質的な意味が凝縮して述べられています。

「……南高祭は毎年、市民も待つ一大行事になっているのだが、個人的な感想をいえば、学校祭は壮大な無駄である。膨大な量の木材、紙、塗料、布を毎年浪費する。これを日本中の学校がやっていると考えると、気が遠くなる。

しかしこの無駄は、とくに現在の高校生たちにとっては、この上なく貴重な無駄だと思う。何かをなすために自分の頭で考える、足で集める、他人とかかわる、口論する、喧嘩する、他人を気遣う、見る人を喜ばせることを考える、そしてそれらを自分たちも楽しむ。

他の殆どすべてにおいて、与えられたことをこなすことだけに慣れた高校生たちが、何もないところから何かを作っていく、それも否応なく大勢の人間とのかかわりの中で。私は顧問として、なるべく教師が主導しない生徒会をめざしてやってきた。やっていることがどんなに稚拙でも、自分でやることが今はとても大切だと思うから。やらされるなら、それはもうかえって害になる。

生徒会執行部の生徒たちは、やっとこの頃、どんなに頑張ってみても生徒だけでは学校は動かない、先生たちに『協力してもらわなければ』と思えるところまできた。……先輩たちの積み重ねの結果として、実感を込めて、『先生、すみませんけどお願いします』と言えるようになった生徒たちを見ると、まだまだ捨てたもんじゃないと、元気が湧いてくる」（傍点、引用者）

行事については、この数十年間、無数の先生たちが生徒たちといっしょに知恵をしぼって取り組んできた実績があります。それはたぶん、外国にはあまり例を見ない、日本の教育の貴重な財産ではないかと思います。そこには生徒と先生の汗と涙がたっぷりと染み込んでいます。その涙は、もちろん感動の涙です。高校の文化祭（学園祭）だけですが、高文研では全国各地の取り組みを集めた『文化祭企画読本』を皮切りに、その『続――』『続々――』『新――』と四冊を刊行しています。そこに収められた取り組みは約二五〇本にのぼります。

文化祭のほかにも、体育祭、合唱祭（合唱コンクール）、新入生を迎える会、卒業生を送る会（予餞会）などさまざまの行事があり、それぞれの行事についてたくさんの取り組みの実績が無形の財産として積み上げられているはずです。いま急速に進行しつつある行事の削減は、その貴重な財産を放擲《ほうてき》することにほかなりません。

もっとも、先生たちの中にはこんな声もあります。

「行事のときは燃えても、行事が終わると、まただらしのない日常に戻ってしまうんだよねえ」

たしかに行事の取り組みの中で見せた緊張感が、行事後も持続すれば、それに越したことはないでしょう。しかし、人間いつもそんなに緊張してばかりもいられません。かりにまた行事以前の状態に戻ったとしても、その取り組みが先生たちの的確な助言と励ましによって充実したものであったとしたら、生徒の中にはその取り組みを通して必ず〝新しい仲間〟を発見し、〝新しい自分〟を発見する生徒が生まれるはずなのです。それだけでも十分なのではありませんか。

何よりも発達途上の生徒たちには、他者と正面から向き合い、かかわりあい、時にぶつかりあう場がどうしても必要なのです。他者とのかかわりあい方も、協同・協力の仕方も、事実と論理によって主張の正しさを争うことも、創造的なアイデアを競い合うことも、実際にそうした場を通してしか身につけることができないからです。つまり、「市民的徳性」は、そうした場を通してしか、獲得することはできないからです。

いま必要なことは、諸行事の取り組みや学級活動を、学校教育の付録的・予備的・補足的な「特別活動」としてでなく、「市民的徳性」を身につける場としてとらえ返し、学校教育の中心に位置づけなおすことです。そして——それを可能にするのに十分すぎるほどの財産を、日本の教育はすでに積み上げてきているのです。

V

「市民的教養」を考える

1　「市民的教養」とは何か

※儒教から生まれた言葉——「勉強」と「学習」

教育史の研究者、江森一郎氏の『「勉強」時代の幕あけ』（平凡社、一九九〇年）によると、「勉強」という言葉は遠く前漢の武帝のころ（紀元前二〜一世紀）に作られたという儒教の経典「五経」の一つ『礼記《らいき》』の中にあるそうです。その後、一二世紀後半、南宋の時代に朱子によって朱子学が集大成されますが、その朱子学の聖典として編纂された「四書」の中の一つ『中庸』はこの『礼記』の中の一編で、その中ほどに「勉強」の二字が登場するのだそうです。

朱子学は鎌倉時代に日本に伝えられますが、普及しはじめたのは江戸時代に入ってからで、それも五代将軍綱吉のころからゆっくりと武士層を中心に広がっていき、やがて上下関係の秩序を軸としたタテ社会の日本人の心性を形づくっていくことになります。それとともに、近代以降になりますが、「勉強」という言葉も日本の学校社会の中にしっかりと定着していったのでした。

朱子学の中でこの言葉がどのようなニュアンスや意味内容を含んで用いられたかは江森氏の著書を読んでいただきたいと思いますが、「勉」「強」ともに「無理をしつつ努力する」（江森氏）という意味をもつ文字からなるこの言葉に、「強制」「競争」の影がちらついていたのは当然といえます。そして先にⅡ章で見たように、近代学校制度のスタートとともに、この「強制」「努力」「競争」は功利主義と結びつけられ、立身出世主義として民衆を学校教育に駆り立てていく強力なモチベーションとなったのでした。

では、「学習」の方はどうでしょうか。これも江森氏の前掲書によれば、『礼記』や『史記』に出てくる古い言葉だそうですが、しかし近世以前はやはり使われていなかったといいます。

語の成立は、『論語』冒頭の「学びて時に之《これ》を習う。亦《ま》た説《よろこ》ばしからずや」とかかわっています。ここでの「学ぶ」と「習う」の意味について、江森氏は古い辞書の例などを引いた後で、次のように解説しています。

「これらによれば、『学ぶ』とは『效《なら》う』すなわち真似をする意味で、そのことを通して『覚悟』する（悟る意）という意味あいが含まれており、『習う』とは重複する（繰り返す）ことである。これらの『学』や『習』に関する言葉の東洋での理解のしかたによれば、学んだり習ったりするということは、何か基準・模範となるもの、すなわち教え・経書・（天）道・聖人・師などがあらかじめ想定されていて、それを真似ることを重ね、慣れる（習熟する）ことによって『覚悟《さとる》』段階に至ることであると考えられていたようである」

この解説を読むと、「学習」のもともとの意味は、現在使われている意味合いと、そうへだたりはないようです。「真似《まね》る」ことから出発して「習熟」にいたる学習過程は、とくに小学校低学年の一部の教科では今日も基本的な教育方法の一つとして成立しているのではないでしょうか。さらに、「モラルの実践を最終目標とする儒教思想」（江森氏）にもとづくこの「学習」観においては、「習熟」の上に「悟る」段階が設定されているのです。しかしでもここには、「思考」がないではないか、という指摘があるかも知れません。しかしその点についても、江森氏は前掲書の貝原益軒の教育観を論じた中で、「朱子学が思索を重んじたことはよく知られている」として、益軒の主張を次のように紹介しています。

実証的な博物学者として『大和本草』の著書をもつ益軒は、朱子学者として『慎思録』といった本も著《あらわ》していますが、その「慎思」についてこう述べているそうです。

「慎しんで思ふとは、すでに学び問ひたることのうたがはしきことは心しずかにし、つゝしんで思ひて、よくがてん（合点）すべし。学び問ても、よくがてん（合点）せざれば、わが物にならず。……学問は自得をたふとぶ。自得とは慎んでよく思ひて、心中を道理がてんして、わが物にし得たるなり」（傍点、前掲書原文）

こうしてみると、紀元前に作られた「学習」という言葉には、「学ぶ（真似る）」ことから始めて、よく「習熟し」、かつ自分の納得できるまでよく「考え」、そうして身につけたことを生活の中で「実践する」という意味が含まれているのです。しかも、そうした「学習」は「また喜ばしからずや」（何とうれしく楽しいことではないか）というのです。

何だか「学習」という古い言葉もサビ落としされて、ピカピカ光り出してきたような気がします。そこで、以下の叙述では「勉強」の文字は廃棄処分とし、「学習」という言葉を使うことにします。

問題はさて、何を「学習」するかということです。その学習の内容として、私は「市民的教養」という考え方を提起してみたいと思います。

※「市民的教養」としての教科内容の再構築

「市民的教養」とは、ひと言でいえば、社会に出て働き、かつ自立した市民として「自治」に参加してゆくのに必要な基礎的な知識と認識、及びそれにもとづいて形成される見識ということになります。

しかしこれだけでは抽象的すぎて、イメージが立ち上がってきません。説明が必要です。「市民的教養」の内容を構成するのが、自然科学と人文・社会科学の成果にもとづくことは言うまでもありません。その意味では、現在の教科構成に基本的な変更は生じないでしょう。ただしその中身が、現代の「市民」として生きてゆく上で必要とされる知識・認識であるかどうかは問い直してみなくてはなりません。

「授業は、人類の文化遺産を次の世代に伝えることである」と言われます。それはその通りでしょうが、しかし文化遺産といっても、その内容はほとんど無限です。その無限に近い中から、何をエッセンシャルなものとして選び取るかが問題なのです。たとえば高校の歴史の学習でいえば、「市民」として生きてゆく上で最も必要なのが、現在に直接つながる近現代史であることは自明のことです。ところが、実際の歴史の授業では（近現代史に重点を置いた2単位の世界史A、日本史Aは別として、4単位の世界史B、日本史Bの場合）近代の後半から現代にかけての部分は時間切れでパスということが少なくありません。はなはだしい場合は、第一次世界大戦以降は自分で教科書を読んでおきなさい、で終わるというケースさえあるようです。しかもそうしたおかしな事態が、もう何十年も平然とつづいているのです。

また古代、中世をあつかう場合でも、常に〝現代からのまなざし〟がそそがれていることとが必要です。本書のⅢ章で、古代アテネの民主政についてふれました。現代でも、民主政治のあり方は大きな課題です。選挙制度の改革や司法制度の改革（焦点は裁判への市民参加の問題）、住民投票の問題などは、まさに今日の問題です。古代アテネの直接民主政についての学習は、そうした現代の問題を考える上での一つの重要な視点を提供してくれるでしょう。逆にまた、そうした視点で古代アテネの民主政について学ぶことによって、二千数百年前の人々の姿が生徒たちの眼前に生きいきとよみがえってくるでしょう。

以上は一例にすぎませんが、「市民的教養」の内容は、膨大な素材（教材）の中から、何を重点的に取り上げ、それをどういう角度、どういう問題意識であつかうかを検討するところから構築されていきます。つまり、教科書を、決められた進度にしたがって漫然と消化するのでなく、力点を置くべきところを選び、そこにはさまざまの参考教材（写真やビデオ、絵画、自然科学では実験など）を投入して授業をすすめるということになります。

そして、そうしてつくられた〝峰〟をつないで出来上がる〝山脈〟が、「市民的教養」としての、たとえば世界史像であり、たとえば物理学的な自然観ということになります。

したがって、「市民的教養」の内容を構築するためには、先生たちにそれぞれの担当教科について、以上に述べたような視点から見直していただくことが必要になります。それはあるいは、自分がこれまで中学・高校・大学、そして教師になって以降積み上げてきた

〝教科教養〟の中身を点検し、再構築するという、苦しい作業になるかも知れません。しかし、この教科内容の再構築をぬきにしては、どんなに制度を変えてみたところで、日々すすみつつある教育の空洞化をふせぎとめることはできないと私は考えます。

※〝現代からのまなざし〟につらぬかれた授業を

以上のように言うと、ただちに疑問の声が上がるかも知れません。もし仮に、一人ひとりの教師が自分の問題意識にしたがって、たとえば世界史の授業をやったとしたら、Aさんの世界史、Bさんの世界史、Cさんの世界史……となって、公教育としての基準性が失われてしまうではないか、という疑問です。

でも現実には、それはほとんど心配する必要はありません。〝現代からのまなざし〟によって歴史を見直すとしても、歴史学の成果に立つ以上、重要事項がオミットされることは考えられないからです。それはたとえば、これまで何種類も出版されている世界史の講座（シリーズ）が、編者によって構成上の力点の置き方や叙述の違いはあっても、基本的な骨格の変更はないのと同じです。それに、現に今も実際に行なわれているのは、A先生の世界史、B先生の世界史、C先生の世界史……なのではありませんか。問題は、そのA、B、C……先生の世界史が、熱い問題意識によって裏打ちされた〝現代からのまなざし〟

によって照射されているかどうかということなのです。

もう一つ、高校の場合、では大学受験はどうする、と反問の声もきっと上がるでしょう。しかし周知のように、いま学生の〝学力低下〟でいちばん追いつめられているのは大学なのです。大学の先生たちは学生たちの教養の解体状況にお手上げ状態となり、一方、自分たちの教養教育をどう再構築するかを迫られています。「市民的教養」をしっかりと身につけた高校生たちの入学は、大学の先生たちにはむしろ大歓迎でしょう。

であるなら、大学入試のあり方も当然変わってくるはずです。「市民的教養」を身につけた学生の入学を切望するならば、入試もまた「市民的教養」を基準としたものに変わらざるを得ないからです。

ともあれ、すべてはこれからです。教育の価値基軸を「国家主義」から「市民」を育てる教育に転換し、そこに今後の大目標を立てることに合意していただけたとしたら、次にその支柱となる「市民的教養」の実質を築き上げてゆくために、それぞれの場所で教科内容の見直しと再構築に着手してもらえないだろうかと思うのです。

もちろん、学習指導要領の枠が存在することは承知しています。しかし私の提案は、いまの段階ではまだ、現行とはまったく別の教科体系をつくるというのではありません。現行の教科書をベースにしても、いっこうに構わないのです。ねらいはあくまで、現代を生きる「市民」に求められる教養という視点から、教科の内容を見直し、再構築しようということだからです。

だいたい、一般に〝教育困難校〟と呼ばれる高校では、教科書どおりの授業などすでに成立していません。だからといって、教科の内容を極度に薄めたり、機械的に流したりするのでなく、思い切って焦点をしぼり、あと数年すれば「市民」として参政権を行使することになる彼らが、なるほど、と納得のいくような授業ができないものだろうか、と私は夢想するのです。授業がつまらないのは、それが自分には関係がない（関係があってもそのことがわからない）からです。もしそれが今後の自分の人生にかかわりがあるのだとわかれば、彼らもきっと関心を寄せてくるでしょうし、時には身を乗り出してくるかも知れません。

そのようにして身につけた〝困難校〟の生徒たちの「市民的教養」が、量的には少なくとも、その深さとリアリティーにおいて、知識の量だけは頭にいっぱい詰め込んだ〝進学校〟の生徒たちのそれを凌駕しているのを確認したとしたら、教師としてこんなに愉快なことはないのではないでしょうか。まして、その〝困難校〟での授業の様子を知った〝進学校〟の生徒たちが、逆に自分たちの先生のところへ、「先生、ぼくたちにもあんな授業をやってください」などと言って行ったとしたら――それは非情な学校序列を新たな価値観によって突き崩してゆく一石になるかも知れません。

教科内容の研究については、先に見た行事への取り組みや学級活動と同様、民間教育研究団体を拠点にすでに四〇年前後にわたる研究と実践の蓄積があります。その豊かな〝財産〟を、自立した「市民」として生きてゆくのに必要な知識と認識という視点から見直し、とらえ返してゆくのは、それほど厄介なことではないと私は思うのですが、どうでしょうか。

＊

さて以上、「市民的教養」としての教科内容の再構築について述べてきたのですが、しかしこれだけではまだまだ抽象論です。それに、こうした議論はどんなに言葉を費やしても、抽象論を脱することはできません。そこで次に、思い切って私なりにイメージしている「市民的教養」としての授業内容の具体例を三つほど提示してみることにします。

ただし、お断わりしておきますが、私には教職の経験はなく、したがって授業の教案を作ったことはもちろんありません。ここではただ、もし私が中学生ないしは高校生だったとして、こんな授業を受けたら楽しいだろうなという観点から、このような素材を選び、組み立ててみたということです。

2 〈授業例①〉「極東」ってどこですか？

※Far East（遠い東）を「極東」と訳したわけは

「極東」という言葉は、現在の教科書には登場しません。ヨーロッパを中心にした見方は、教育の場ではすでに否定され、克服されているからです。

それなのに教科書ではすでに死語に近いこの言葉を取り上げるのは、認識の発展してゆく過程を、生徒たちといっしょにフォローしてみたいからです。

さて、教科書では死語に近いと言いましたが、一般にはこの言葉は日常的に使われています。では、「極東」とはどの地域をいうのでしょうか。

実際に中学生、高校生にたずねてみたことはありませんが、たぶん、日本からサハリンにかけての地域、という答えが多いのではないでしょうか。

しかし辞書を引いてみると、たとえば広辞苑（岩波書店）には「日本、中国、朝鮮、タイなど東アジア地域を欧米から見ていう呼称」とあります。一方、大辞林（三省堂）には

「ヨーロッパからみた名称で、東洋の最も遠い地域をいう。中国の東半分、朝鮮・東シベリア・日本などをさす」とあります。

どちらも代表的な辞書ですが、両者の「極東」の範囲にはズレがあります。広辞苑ではタイまで含めているのに、大辞林では中国の東半分以東としているのです。

いずれにしても広大な地域です。それなのに「極」東というのです。

「極」は、北極、南極、極限、極端、極致、極論などからも類推できるように、「きわまる」「尽きる」という意味です。したがって、語の意味からすれば、「極東」は「東の果て」「東の極《きわ》み」ということになります。どう見ても、「タイから東」あるいは「中国の東半分以東」の広大な地域をさすのに妥当な言葉とは思えません。

では、どうしてこんな用語のミスマッチが生じたのか。

広辞苑にも大辞林にも、「極東」は欧米（ヨーロッパ）から見ての呼称とありました。とすれば、「極東」に当たる言葉が欧米にあるはずです。

そうです。英語に「ファー・イースト（Far East）」という言葉があります。さらに、このあとに改めてふれますが、ニア・イースト（Near East 近い東＝近東）、ミドル・イースト（Middle East 中ほどの東＝中東）という言葉もあります。

ドイツ語も同じで、ナーオースト（Nahost 近東）、ミットレレア・オーステン（Mittlerer Osten 中東)、フェルンオースト（Fernost 極東）とそろっています。

近東、中東は、明らかにヨーロッパ語の直訳なのです。

では、「近い東」、「中ほどの東」ときて、次はなぜ「遠い東」、つまり「遠東」とせずに「極東」としたのでしょうか。

中国語の辞書には「遠東」があります。その意味も、ヨーロッパ語の直訳と断わって、アジアの東方をさすとなっています。

近東、中東、そして遠東ならば、漢字のもつ意味と実際の意味のミスマッチも生じなかったはずです。それなのに、なぜ「遠東」とせず「極東」としたのか――？

考えているうちに、あることに思い当たりました。

「遠島」という言葉があります。やはり、エントウと読みます。意味は、島流し。江戸時代の刑罰の一つで、手首に入れ墨を入れられ、伊豆七島などに送られたといいます。

「遠東」と訳すと、どうしてもこの「遠島」を連想します。そこでいろいろ考えあぐねたすえ、「極東」としたのではないか。いや、きっとそうにちがいない、としばらくはひそかに〝発見〟の喜びにひたっていました。

ところがある時、フランス語に出会ったのです。フランス語でもやはり、近東、中東とそろっていました。フランス語での「東方」は「Orient」を使います。

まずプロシュ（近い）オリアン（Proche Orient）、次にムワイエ（中間の）オリアン（Moyen Orient）。ここまでは英、独語と同じでした。ところが最後は、エクストレム・オリアン（Extreme Orient）となっていたのです。エクストレムは、最も端の、極限の、という意味です。エクストレム・オリアンは文字通り「極東」だったのです。

いつごろかはわかりませんが、このヨーロッパ語を翻訳した人物がフランス語から訳したのだったら、「極東」の漢字を当てたのはごく自然だったといえます。

しかし、もし英語かドイツ語から訳したのだとしたら、私の〝推理〟が的中していた可能性がないともいえません。

事実はどうなのか。生徒諸君が、古い辞書などを調べ、いつ、だれが、何語からこれらの言葉を翻訳したのか、突き止めることができたら素晴らしいと思うのですが、どうでしょうか。

※二枚の世界地図

ところで、「近東」「中東」「極東」は、いま見てきたように、ヨーロッパを基準に、ヨーロッパから見て名づけられた名称でした。そこで、実際にそれをたしかめるために日ごろ私たちが使っている世界地図を広げてみると、すぐにおかしなことに気づきます。

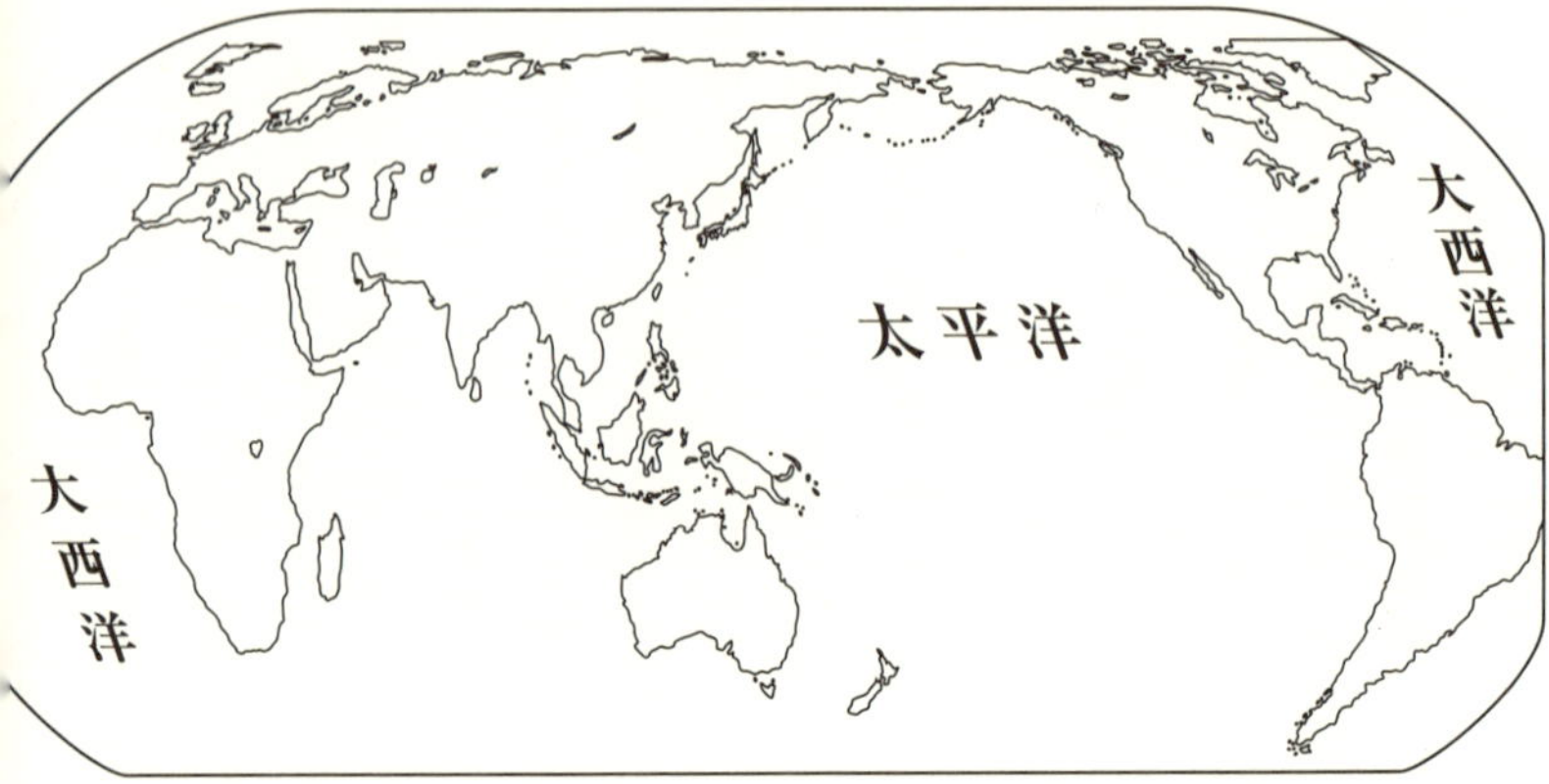

「極東」は東の果てではなく、太平洋をはさんでその向こうには、アメリカ大陸があるからです。

アメリカを中心とする資本主義陣営と、ソ連を中心とする社会主義陣営が対立していた冷戦時代、資本主義陣営を「西側」、社会主義陣営を「東側」と呼んでいました。そこから「東西対立」「東西冷戦」といった言葉も使われていました。

こうした用語も、この世界地図で見るとおかしなことになります。西ヨーロッパが「西側」なのはいいとして、かんじんのアメリカは「東側」になってしまうからです。

地図を取り替える必要があります。次ページに掲げた、欧米で使われている世界地図です。これで見ると、「西側」「東側」の区別は明白です。ただしわが日本は、アメリカと軍事同盟（日米安保条約）を結んで「西側」の有力メンバーだったのに、地理

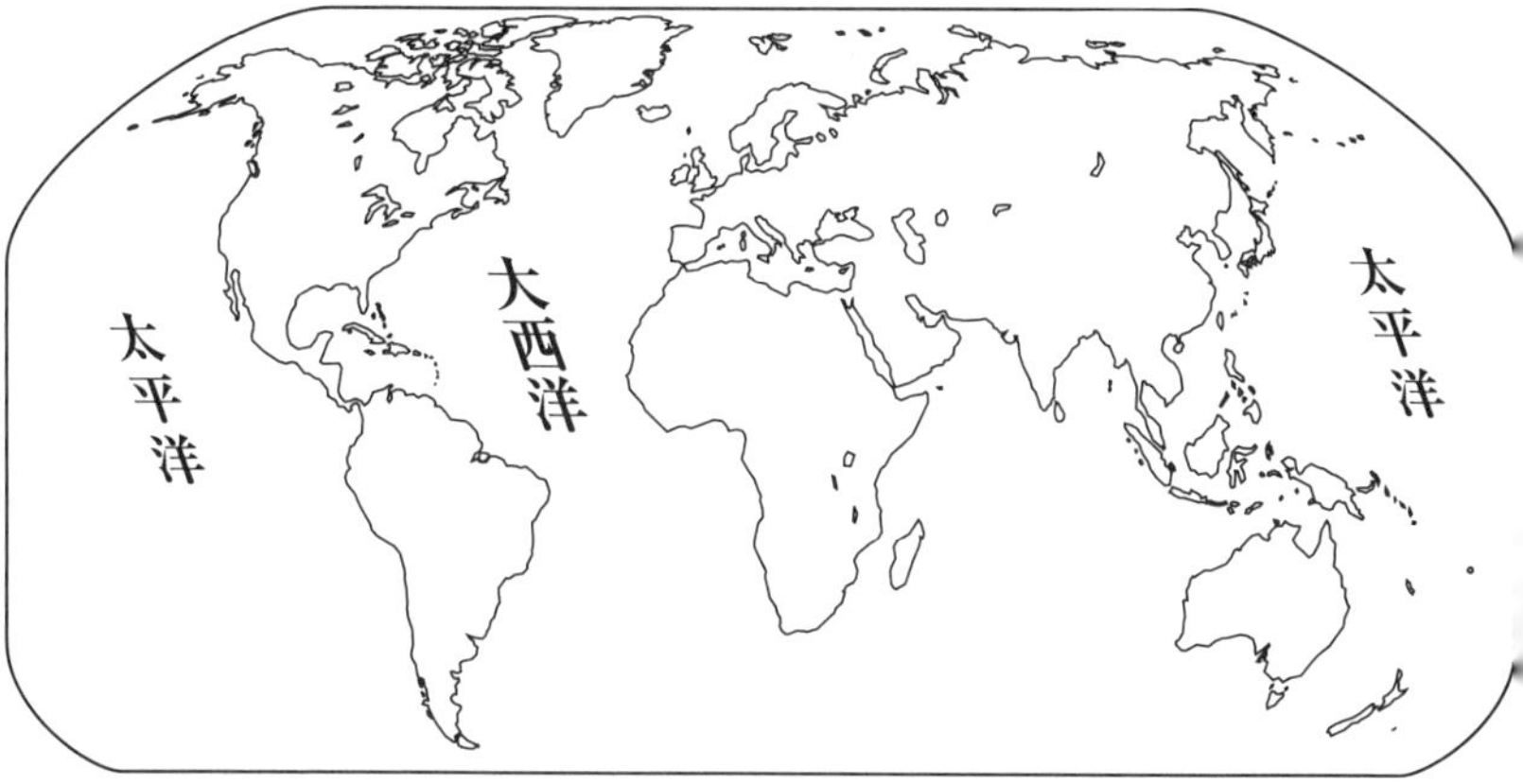

的には東側に属していました。それなのに、自国を含めて「西側」と言い、その矛盾を気にとめることもなかったのは、いまも「極東」という〝誤訳〟を慣用してあやしまない、言葉に対する無頓着さのせいでしょうか。

さて、この欧米用の世界地図を見ると、以前にはわからなかった大西洋の大きさがわかります。また、ヨーロッパ、アフリカと、アメリカ南北両大陸との近接度がわかります。

ドイツの地球物理学者、アルフレート・ヴェーゲナーは大陸移動説の提唱者として有名です。彼はまず、アフリカ大陸と南米大陸の動植物の化石が古生物学的に見て一致することから、かつては両大陸が一つであったことを実証し、そこから大陸移動説を構築します。しかし、大陸移動のメカニズムを解明できなかったことから、その説はいつか忘却されます。ところがやがて一九六〇年代に入り、海底の磁気の調査をもとにプレート・テクトニクスの理論が生まれ、大陸移動のメカニズムを明らかにするとともに、ヴェーゲナーが構想した超大陸パンゲアの存在が実証されたのでした。

そのヴェーゲナーの著書『大陸と海洋の起源』（都城秋穂・紫藤文子訳、岩波文庫）の冒頭は、次のように始まっています。

「大陸移動という観念を私がはじめて思いついたのは、一九一〇年のことであった。それは世界地図を見て、大西洋の両岸の海岸線の凹凸がよく合致するのに気がついた時であった」

つまり彼は、地図を見ていて、南米大陸の東側の海岸線と、アフリカ大陸の西側の海岸線が、大西洋をはさんであたかも一枚の紙を引き裂いたようにぴったりと符合することに気がついたことから、大陸移動を思いついたというのです。したがって彼が、かりに日本に生まれ、アフリカ大陸と南米大陸が東西の両端に分かれている世界地図を見ていたとしたら、大陸移動説は生まれなかったことになります。

地球は一つでも、どの地点に立って見るかで、目に映る「世界」は変わります。一つの地点（視点）からだけ見ていると、知らないうちに落とし穴にはまり込まないとも限りません。

※英国の辞書に見る「極東」と「中東」

ここで再び「極東」の問題に戻ります。

「極東」の範囲が、広辞苑と大辞林でズレていたことは先に見ました。では、英語の辞書ではどうなっているのでしょうか。

『オックスフォード現代英英辞典』(OXFORD ADVANCED LEARNER'S DICTIONARY)第6版には、こう書かれています。

「中国、日本および東アジア、東南アジアの他の国々」

『ケンブリッジ・インターナショナル英英辞典』(CAMBRIDGE INTERNATIONAL DICTIONARY of ENGLISH)ではこう書かれていました。

「中国、日本、南北朝鮮およびインドネシアを含む東アジアの国々」

どちらもきわめてあいまいで漠然とした規定です。『オックスフォード』の方は東アジア・東南アジア全部を含めていますし、『ケンブリッジ』の方は、東南アジアの中でなぜかインドネシアだけ国名を挙げています。

「近東」「中東」についてはどうでしょうか。

『ケンブリッジ』には「近東 Near East」は出ていません。『オックスフォード』には項目はありましたが、ただ「＝Middle East」となっています。つまり、少なくとも現在の英国では「近東」という呼称はほとんど使われていないようです。

そこで、「中東 Middle East」です。

『オックスフォード』には、こう書かれていました。

「南西アジアおよび北東アフリカをおおう地域」

『ケンブリッジ』の方は、こうです。

「東地中海からイランにいたる地域。シリア、ヨルダン、イスラエル、レバノン、サウディアラビア、イラク、イランを含む。時にエジプトを含むこともある」

ヨーロッパから見れば「中東」はより近く、しかも歴史的に深いかかわりを持っていますから、もっとていねいに説明されているだろうと思ったのですが、『オックスフォード』の方はいかにも大ざっぱで、投げやりな感じさえします。また『ケンブリッジ』の方も、パレスチナのほかクウェートやオマーン、イエメンなど小さな国をオミットしたのは目をつぶるとして、一般に「中東」の範囲に含まれるトルコやアフガニスタンが抜け落ちています。

ちなみに日本の辞書を見ると、広辞苑も大辞林も「南西アジアとアフリカ北東部の地域の総称」となっていて、先の『オックスフォード』とほとんど同じでした。

なお「中東」について書かれた本を見ると、この言葉はアメリカの海洋戦略の骨格をつくり、「アメリカ海軍の父」と称されるA・T・マハンが一九〇二年に使いはじめたもので、第二次世界大戦中に連合軍の軍事用語として定着し、戦後は国連による地域分類の一つとして使われることで一般化したものだといいます（永田雄三・加賀谷寛・勝藤猛『中東現代史Ⅰ』山川出版社）。その範囲はいま見たとおりですが、一九五〇年代後半以降、アラブの統一が叫ばれるようになってからは、モロッコやアルジェリア、リビアなど北アフリカまで「中東」に含めるようになったのだそうです。

こうした来歴をもつ言葉だけに、理解の仕方にバラツキが生じるのはやむを得ないのかも知れませんが、それにしても、「極東」といい「中東」といい、かなりあいまい、いいかげんな使われ方をしていることは否定できないようです。

※正確な言葉が正確な認識を生む

「極東」という用語は、日米安全保障条約とも深いかかわりがあります。というのは同条約の最も重要な部分、第六条「基地の許与」のところにこの用語が出てくるからです。

「日本国の安全に寄与し、並びに極東における国際の平和及び安全の維持に寄与するため、アメリカ合衆国は、その陸軍、空軍及び海軍が日本国において施設及び区域（注・軍事基地をさす）を使用することを許される」

この「極東」は、いったいどの範囲をさすのか。一九六〇年の安保条約改定のさいに、国会論議の中でこのことが大問題になりました。その結果、政府がまとめた統一見解は次のようなものでした。

「おおよその地理的範囲は、フィリピン以北ならびに日本、及びその周辺区域で、韓国と台湾地域を含む」

ご覧のように、英国、日本、いずれの辞書にも挙げられていた中国が、ここには入っていません。きわめていびつな「極東」の範囲です。まさに〝用語の政治的利用〟にほかなりませんでした。

それから四〇年近くがたって一九九九年五月、日米安保条約の実質的な改定である「周辺事態法」が成立しました。正確には「周辺事態に際してわが国の平和及び安全を確保するための措置に関する法律」といいます。

「周辺」事態というのですから、当然、ある地理的範囲を想定しているはずです。しかしその範囲は、ついに明らかにされませんでした。したがって、解釈の仕方によっては、その範囲は大幅に拡大されることも考えられます。「周辺」であって「周辺」ではないのです。こうして、〝用語の政治的利用〟がまた一段とすすみました。古代から言葉を大切にしてきた「言霊《ことだま》の幸《さきあ》ふ国」の指導者たちがなすこととは、とても言えません。

世界をしっかりと認識するためには、それぞれの地域をできるだけ正確に表わす言葉が必要です。あいまいな言葉を使っていれば、認識そのものもあいまいに濁ってしまうからです。

「中東」「極東」という言葉は、すでに見てきたように、ヨーロッパを基準に、ヨーロッパから見て名づけた名称でした。つまり、ヨーロッパ中心の世界の見方でした。しかし、いまや世界は、各民族の文化的アイデンティティーを尊重しながら共存する多文化・多文明の時代を迎えています。地域の呼び方も、多文化時代にふさわしく、客観的・中立的な呼称に変える必要があります。

では、広大なアジアを、どのような地域に分け、それぞれの地域をどう呼んだらいいのか――。

そこで、私なりに考えてみました。

まず「中央アジア」。すでにカザフスタン、キルギス、ウズベキスタン、タジキスタン、トルクメニスタンの地域を呼ぶ言葉として定着しています。これに、同じ風土・文化圏にある地域としてモンゴルと中国の新疆《しんきょう》ウイグル自治区を含めます。

次に、「東南アジア」。これも定着しています。東南アジア諸国連合（ＡＳＥＡＮ）とい

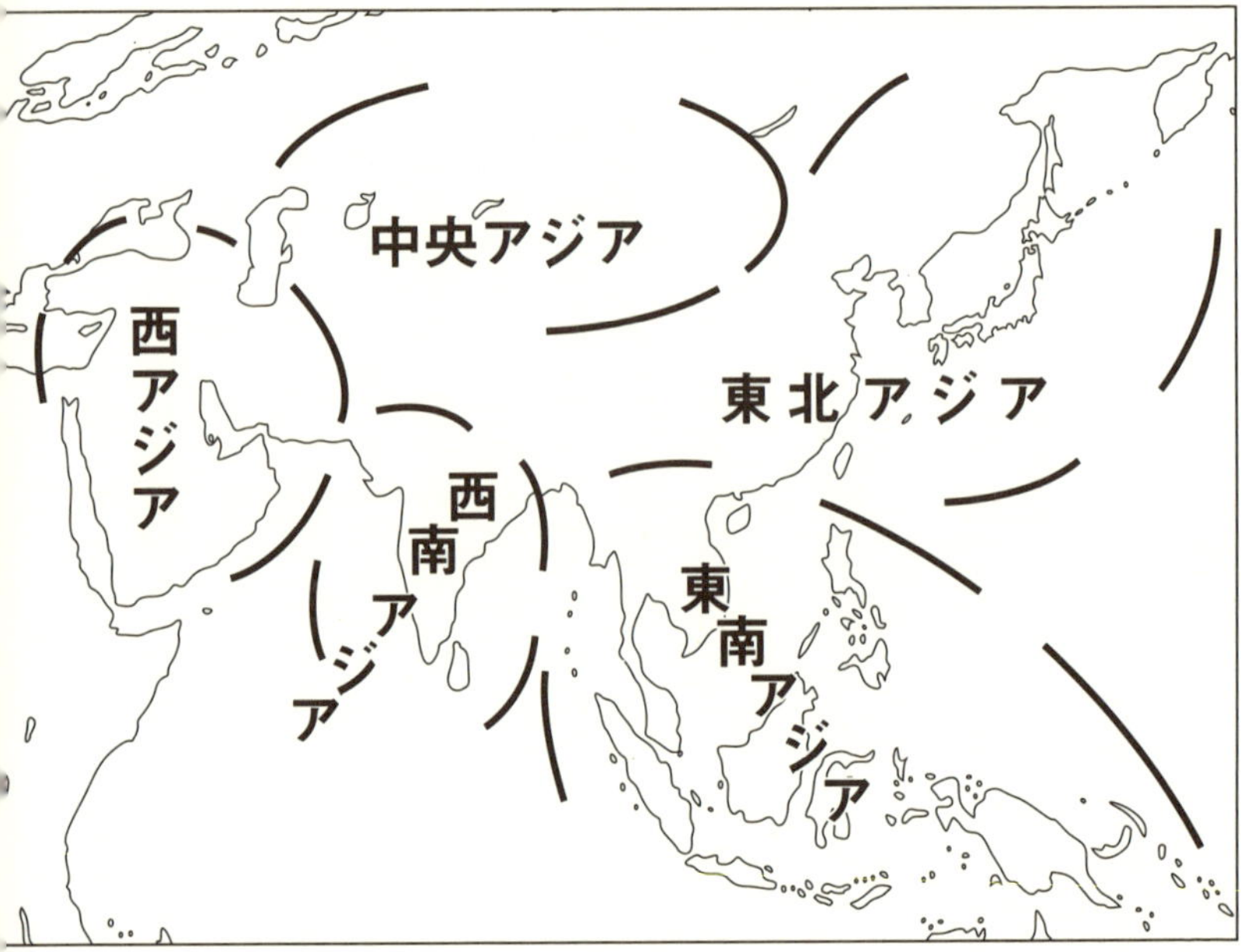

うこの地域の国際機構も活発に機能しています。フィリピン、タイ、マレーシア、シンガポール、インドネシア、ブルネイ、ベトナム、ミャンマー、ラオス、カンボジア、パプアニューギニアからなります。

この東南アジアの北、中央アジアの東の地域を、「東北アジア」とします。中国、台湾、日本、韓国・北朝鮮、それにシベリア東部からサハリン、カムチャツカ半島までをおおう地域です。

東南アジアの西、インド亜大陸を中心とする地域が「西南アジア」です。国名では、インドをはじめバングラデシュ、パキスタン、ネパール、ブータン、それにスリランカなどが入ります。

そして最後が、アフガニスタンから西、

先ほど見た「中東」から北アフリカを除いた地域が、「西アジア」となります。

このように分けてみると、独自の歴史と風土、文化をもったそれぞれの地域が、ある輪郭をもって浮かび上がってきますし、またそうした各地域によってアジアが構成されていることもよくわかります。広いアジアをただ漠然と「中東」と「極東」とに分けていたのでは、こうした立体的なアジアの姿は浮かんできません。

世界地図を漫然と見るのでなく、できるだけ構造的・立体的に見るように心がけること、そして時には視点を移動させ、異なる地点から世界を見てみること、そのためには一枚の世界地図だけでことたりるとしないこと——これからの「世界市民」にはそうしたことが求められているのではないでしょうか。

【追記】「極東」の用語は明らかに〝誤訳〟ですので使用をやめるべきだと思いますが、「中東」という用語は先に見たように歴史的に形成されてきたものであり、「中東学会」という学会も存在していて、多角的な研究がすすめられています。したがって、地理上の地域を示す「西アジア」とは別に、北アフリカを含むイスラム文化圏をあらわす政治的・文化的な地域概念として使われるのは当然かと思います。

3 〈授業例②〉「海の中の森」と「陸の森」

※〝目に見える森〟と〝見えない森〟

「海の中の森」という表現に出会ったのは、藻類《そうるい》の生理生態学の研究者、横浜康継氏の本の書名――『海の中の森の生態』（講談社ブルーバックス、一九八五年）を手にしたときでした。以下、この本で私がとくに興味を引かれた部分を紹介してみます。

海の中には、カイソウが繁茂しています。そのカイソウは、二つに大別されます。一つは、コンブやワカメ、ホンダワラなどの海藻《かいそう》です。では、もう一つのカイソウは？　海草《かいそう》です。文字どおり海の草。イネに似た細長い葉をしたアマモやスガモなど、海底の砂地に草原をつくっています。

海藻も海草も、陸上の植物と同様、光合成で生きていることに変わりはありません。しかし系統的にはまったく異なります。海藻が胞子によって繁殖する隠花植物であるのに対し、海草は種子によって繁殖する種子植物（顕花植物）なのです。

コンブなどの海藻は、体じゅうのあらゆる部分を使って光合成を行なうと同時に、またそこから海水中に溶けている窒素やリンなどを吸収します。したがって、根から養分を吸い上げる必要はありません。だから、根があるように見えても、それは体を岩に固定させるためだけにあるのです。そのため仮の根、仮根《かこん》と呼ばれています。

それに対し海草の方は、地中から養分を吸収し、それを葉の先端まで送るための茎と葉脈をもっています。花も咲かせれば、種子もつくるのです。

海の中に生命が誕生したのは、およそ三五億年前、それから三〇億年がたってようやく生物が陸地に上陸します。その最初の生物は、胞子で繁殖する原始的なコケやシダ類だったろうと思われます。胞子による繁殖は水分を必要とするため、当初は水辺を離れることができなかったのですが、やがて種子植物へと進化することによって、乾いた陸地でも生きてゆけるようになります。そのために生み出したのが、自分の体を支えるとともに地中から養分を吸収するための根であり、それを送るパイプラインとしての茎や葉脈だったというわけです。

動物と同様、植物も種の存続を求めて競争します。浅い海底の砂地は、海藻も住みつくことができず、いわば不毛の空き地となっていました。その海中の空き地に、競争の激しい陸上から新たな繁殖地を求めて陸上から〝里帰り〟してきた植物がありました。それが、海草だったというわけです。

さて「海の中の森」といいましたが、海草がつくるのは草原で、まだ森とはいえません。文字どおりの森を形成するのは海藻です。横浜氏はこう書いています。「わが国における海中の森の代表格は、やはりカジメの群落であろう。直径二〜三センチメートルで長さ一・五メートルほどの茎の先に、ふさふさとした葉を茂らせた褐色の体が林立した様子は、海中の森と呼ぶのにふさわしい」。カジメと同様、コンブの仲間であるアラメも丈高く成長するので、この二つの群落はとくに海中林と呼ばれているのだそうです。

北海道はじめ北の海に繁茂するコンブは、幅の広い帯のような形をしていますが、マコンブやミツイシコンブといった種類は、長さが五メートル以上になり、さらにナガコンブなどは二〇メートル以上にもなるのだそうです。

ところが世界の海には、さらに巨大な海藻が存在し、中でもマクロシスティス・ピリフェラという海藻は五〇〜六〇メートルにもなり、時には二〇〇メートルにも達するのだそうです。陸上最大の樹木、セコイア（スギ科）の高さが一〇〇メートルほどだといいますから、地球上で最大の植物は海中に存在しているということになる、と横浜氏は書いています（そういえば、最大の動物がいるのも海の中でした）。

こうした海藻類が海中に群生し、光合成を行なっている様子は、まさに「海の中の森」

といえます。

ところが海の中には、もう一つ、〝目に見えない森〟が存在するのです。

植物プランクトンです。さまざまの種類がありますが、その多くは珪藻《けいそう》や渦鞭毛藻《うずべんもうそう》と呼ばれるもので、単細胞の藻類の仲間に属しているものだそうです。極微の単細胞体ながら、藻類の仲間である以上、植物プランクトンも光合成を行ないます。浅い所ほど光量がたっぷりなので増殖も活発になりますが、外洋の水のきれいな海では水深一〇〇メートルまでは植物プランクトンが生きてゆけるだけの光がとどいているといいます。

そこでかりに、水平面一平方メートルで、深さ一〇〇メートルの海水の立体構造を一本の樹木と考えれば、海面一ヘクタール（一万平方メートル）の海には、一万本の〝海水の樹〟がぎっしりと林立し、光合成を行なっているということになります。

ただ、この〝海水の樹〟の葉緑素量は、陸上の森林にくらべ同面積で二桁《けた》ほど小さいのだそうですが、しかし地球表面の七割以上を占める海の面積は、陸上の植物でおおわれている地表面積とはくらべものにならないくらい広いので、海洋の植物プランクトンがいとなむ光合成の総量は、陸上のすべての植物の光合成の総量にほぼ匹敵すると考えられるのだそうです。

こうして、「無色透明な海水をたたえているように見える広大な海は、そっくりそのまま広大な森林とみなすことができる」と横浜氏は言うのです。

このように、植物プランクトンの光合成を〝海水の樹〟と見立てる想像力の飛躍が、「知識」をたんに〝知っている〟のレベルから「認識」のレベルへ引き上げてくれます。

※海藻類の〝命づな〟――「鉄」

さて、このようにして海を〝緑化〟する植物プランクトンは、また海の食物連鎖の土台をつくっている生物でもあります。つまり、プランクトンにはもう一つ、動物プランクトンと呼ばれる極微の甲殻類がいるのですが、植物プランクトンが光合成によってつくりだした栄養はその体もろともこの動物プランクトンのえさとなり、その動物プランクトンを小さな魚が食べ、その小さな魚を大きな魚が食べ、それをさらに大きな魚が食べるという食物連鎖の出発点の位置に植物プランクトンはいるのです。

したがって、植物プランクトンが少なくなると、この食物連鎖のくさりも細くなり、魚の量も減少するということになります。

海藻の森も、魚たちと密接な関係があります。そこは魚たちの産卵場所であり、また稚魚たちのゆりかごの役目も果たしているからです。したがって、海藻の森が消滅すれば、魚たちは産卵の場と稚魚の成育の場を奪われることになります。

ところが、もうだいぶ前から、そうした憂うべき状態が、日本の各地の漁場に現われてきました。その原因を突き止める研究を、おもに北海道を舞台にすすめてきたのが、海洋化学者の松永勝彦氏です。以下、同氏の『森が消えれば海も死ぬ』(講談社ブルーバックス、一九九三年)からその研究成果のポイントの部分を紹介します。

植物プランクトンも海藻も、陸上の植物と同様、水と二酸化炭素(炭酸ガス)を原料に光合成を行ないますが、生長・増殖のためにはそのほかに窒素とリンが欠かせません。いずれも海水に溶けており、海水から摂取するのですが、窒素の場合は安定した硝酸塩の形で溶けているといいます。以下――少々込み入った話になりますが、この硝酸塩を体内に取り込んだ後、そのままでは使えないので、これを還元しなくてはなりません。それには硝酸還元酵素が必要になるのですが、その酵素を作るには、なんと「鉄」が必要だというのです。

このほかにも、光合成を行なうにはクロロフィルなどの光合成色素が必要ですが、それを作るのにも「鉄」は不可欠なのだそうです。

というわけで、植物プランクトンや海藻が生きてゆくには「鉄」が絶対に必要なのです。どうして「鉄」がこのように重要な役割をになうようになったのか、理由はたぶん、原始の海で生命が誕生したとき、海水中で最も濃度が高かった元素が「鉄」であったからだろうと松永氏は述べています。

さて、ではこの「鉄」はどこにあるのでしょうか。海水中にあります。ただし――粒子の状態で存在するのです。鉄を除く他の元素や化合物はすべて水に溶けたイオンの状態であり、植物プランクトンや海藻の細胞膜を容易に通過できます。ところが鉄は粒子であるため、細胞膜を通過できないのです。

しかし現実には、植物プランクトンや海藻は鉄を取り込んでいます。では、どのようにして取り込んでいるのか。ここで、陸上の森林が登場することになります。

森林では、地上に落ちた枯れ葉や枯れ枝がバクテリアなどの微生物によって分解され、それが細かい鉱物の粒子と混じり合って「腐植土層」が形成されます。この腐植土層の中に、部分的にですが、枯れ葉などの分解で酸素が消費されたため酸素のなくなったところができます。この無酸素状態のところでは、鉄もイオン化するのです（ただし空気＝酸素にふれると、ただちに粒子に変わる）。

一方、腐植土層の中には、バクテリアが分解しきれなかった有機物質も含まれています。この残った有機物質が、さらに化学的・微生物学的変化を受け、新たに「腐植物質」という有機物質が生まれるのです。

この有機物質は、水に溶けないフミン酸と水に溶けるフルボ酸に分かれますが、このフルボ酸が無酸素の部分で生まれた鉄イオンと結合して「フルボ酸鉄」となるのです。

フルボ酸鉄は、やがて地下水脈を通り、あるいは雨水とともに森林から河川にはこばれ、海へと送られて行きます。もちろんその途中で空気にふれることになりますが、しかしフルボ酸鉄はきわめて安定しており、もはや分離することはありません。

こうして海まではこばれてきたフルボ酸鉄は、植物プランクトンや海藻に迎えられることになります。鉄の粒子はその細胞膜を通ることはできませんでしたが、フルボ酸鉄は容易に細胞膜を通過できます。そしてそのさい、フルボ酸の方は細胞内に入らず、鉄だけを送り込んで離れてゆくというのです。フルボ酸はつまり、鉄をはこぶタクシーの役割を果たしているわけです。

こういう話を聞くと、自然のしくみのあまりの絶妙さに、思わずため息が出てしまいます。

※「森は海の恋人」——植樹する漁民たち

ところが、人間は愚かなものです。この自然がつくりだした絶妙なしくみを、目先の利益に目を奪われて浅はかにもぶち壊してしまうのです。

海藻の一種に、石灰藻というのがあります。この石灰藻が取り付いた岩や岩盤は、まるで白いペンキを塗ったように真っ白くなり、そこにはもはやコンブなど他の生物はいっさい着生できないのだそうです。こうなった状態を「磯焼け」というそうですが、松永氏は「海の砂漠化」と呼ぶことを提唱しています。まさにそこは不毛の世界だからです。

北海道でのこの「海の砂漠化」は、高度経済成長のただなかだった一九六五年ころから目につきはじめたようです。その原因説がいくつか挙がりますが、松永氏は陸との関連に目をつけ、とくに砂漠化の目立つ日本海側の沿岸をシラミつぶしに調査します。その結果わかったことは、河川が流れ込んでいる一帯には砂漠化は認められず、河口から離れるにしたがって砂漠化が広がっているということでした。

また日本海側の沿岸は開発がすすみ、かつて生い茂っていた森林が伐採されていることもわかりました。一方、これとは対照的に、コンブの林が健在である、函館を中心として津軽海峡側に面した沿岸部は、森林が海際までせまっており、その森林のいたる所から沢水が海にながれ込んでいるのです。陸地、とくに森林と、海の砂漠化との相関は明らかでした。

この事実に立って松永氏らは、これまでの海洋での鉄に関する基礎研究をもとに、先に紹介したフルボ酸と鉄をめぐる絶妙な自然のしくみを解明したのです。

こうして「陸の森林」と「海の森林」との密接なつながりが知られてゆくにつれ、北海道では漁業協同組合による植樹活動がすすめられるようになります。植樹する木の種類も、かつての植林は建材として利用しやすいヒノキやスギが中心でしたが、代わって落葉広葉樹が主体となります。大量に枯れ葉を落とす広葉樹林でないと、フルボ酸や鉄イオンを生みだす腐植土層が形成されにくいからです。

やがて、漁民による植樹は北海道から本州にも広がります。

一九八九年のある日のことです。宮城県の気仙沼《けせんぬま》湾で長年カキやホタテ貝の養殖をいとなんできた畠山重篤さんのもとに、突然、友人から電話が入ります。いま放送中のNHKテレビを見るようにというのです。急いでテレビをつけると、そこには白くペンキを塗ったような砂漠化した海の様子が映し出されていました。そしてその解説をしていたのが、松永氏だったのです（以下、畠山重篤『森は海の恋人』北斗出版、一九九四年から）。

畠山さんたちは実は、その前年から気仙沼湾にそそぐ大川の上流に広葉樹の植林を始めていました。その数年前、機会があってフランスのロワール川河口でのカキ養殖を視察したさい、すでに気仙沼湾では見ることの少なくなっていたタツノオトシゴやカレイやエビなどの幼生がひしめいているのを見、さらにロワール川上流には落葉広葉樹の大森林地帯が広がっていて、そこから一三本をこえる支流がロワール川に流れ込んでいるのを知って、森林と海との密接なつながりを直感していたからです。気仙沼湾でもまた、一九六〇年代半ばころからずっと海に異変が生じてきていたのでした。

テレビを見終わった畠山さんはただちにNHKに問い合わせの電話を入れ、先ほどの研究者が松永勝彦・北海道大学水産学部教授であることを知り、つづいて松永教授に電話を入れて翌日研究室にたずねてきてもよいとのアポイントを取ると、テレビ放送を知らせてくれた友人といっしょにその夜の寝台列車に飛び乗るのです。森と海との深いつながりを科学的に解明してくれる研究者を、畠山さんたちはこれまでずっと探し求めていたからです。

翌朝、函館の松永教授の研究室で畠山さんたちは、先に紹介したフルボ酸と鉄の話を中心に森と海をつなぐ自然のしくみについてスライドを見ながらレクチュアを受けます。こうして畠山さんがロワール川流域で得た直感は、科学研究の成果によって裏づけられ、揺るがぬ確信となったのでした。

これより先、畠山さんは植樹運動の計画を胸に大川の上流域へ足をはこぶうち、農業をしながら短歌を作っている熊谷龍子さんと知り合います。その龍子さんに、植樹運動のための「簡潔で、わかりやすい、人の心を打つような標題」を作ってもらえませんか、と頼んでいたところ、次のような歌ができあがります。

森は海を海は森を恋いながら悠久よりの愛紡ぎゆく

そしてこの歌から、あたかも「貝から真珠がこぼれるように」「森は海の恋人」というキャッチフレーズが生まれたのでした。

一九八九年九月の一日、大川の源流の一つに当たる室根山の見晴らし広場に、突如、何百本もの色とりどりの大漁旗がはためきます。漁民による植樹が始まったのです。以後、植樹は毎年行なわれ、面積もその協力者も広がっていったといいます。近年は、やはりカキの養殖地として全国に知られる広島や、また高知県の四万十《しまんと》川の上流でも漁民による植樹が行なわれていると聞きます。

※「鉄」が欠乏した若者たちの血液

ここで話は一挙に飛躍します。海藻や植物プランクトンにとって、「鉄」の欠乏は死滅につながるものでした。ところが現代のヒトにも、その「鉄」の欠乏という由々しい事態が生じていたのです。一九九九年一〇月一一日付けの朝日新聞に掲載された医師の尾関由美さんによる「論壇」での指摘でした。

尾関さんにはその後、改めて私たちの『月刊ジュ・パンス』二〇〇〇年四月号に寄稿していただきましたので、以下その内容を紹介することにします。

尾関さんは一六年間、小児科、内科の臨床医をつとめた後、現在は千葉県赤十字血液センターで献血の検診医をしている方です。その尾関さんが献血ルームに勤めはじめて驚いたのは、献血者の八割を占める若い人たちの血液の数値の異常があまりにも多いということでした。

コレステロールが高いとか高血圧とかも多いのですが、何といっても多いのが鉄分の欠乏です。赤血球一個の大きさを表わすMCVという数字は、89から99の範囲が正常とされますが、その正常値の89に達しない人が若い人全体の六割、さらに85にも達しない人が二割もいるというのです。

周知のように、鉄は赤血球の中のヘモグロビンをつくる重要な成分です。このヘモグロビンは、酸素分子と結合し、酸素を全身にはこぶ役割を果たしています。したがって、ヘモグロビンが不足してくると、酸素をはこぶ力が低下して、酸素が十分に行き渡らなくなり、元気に動くことができなくなります。これが貧血です。

しかし、鉄分の不足がただちに貧血を招くというのではなく、その前に、ヘモグロビンを含む細胞（赤血球）が痩せて小さくなるという過程があるのです。これを「潜在的鉄欠乏」というのですが、先ほどのMCV89に達しない人たちが、この潜在的鉄欠乏に当たるのです。

潜在的鉄欠乏の状態はすぐに日常生活にひびくということはありませんが、しかしMC

Ⅴが85を切ると、たとえば二〇代の女性の場合、月経不順の頻度が明らかにふえますし、さらに80を切ると、不正出血をみたり、子宮内膜症が原因の月経過多を引き起こしたりすることになります。

男性の場合はどうか。近年、若い男性の精子の数が減少したことが問題になっています。原因はもっぱら環境ホルモンだといわれていますが、必ずしもそうとは言い切れません。精子の数や運動率の維持にはセレンや亜鉛という微量金属元素が必要だということは証明されています。このあとすぐ述べるように、鉄分の不足は食生活からきていますが、そのような食生活では鉄と同様セレンも亜鉛も摂取できないでしょうから、精子の数の減少と鉄の欠乏とは関係がないとは言えないのです。

さて、ではどうして若い人たちに潜在的鉄欠乏症がこんなに多いのか。その原因をつかむため、尾関さんはコンビニの食品売り場で若い人たちの買い物を観察します。その結果わかったのは、若い人たちが買うのは、カップめん、菓子パン、おにぎりと、この三つが圧倒的に多かったということです。

鉄分は、肉の赤身や魚、貝類、野菜ではホウレンソウやコマツナなど色の濃いもの、それにヒジキなどに多く含まれています。カップめん、菓子パン、おにぎりでは、鉄分はほとんど摂取できないのです。潜在的鉄欠乏が生じるのは当然なのでした。

そこで、若い人たちの中にはコンビニの棚に並べられた「鉄タブ」と称する栄養補助食品で鉄分をおぎなっているという人もいます。たしかにそれは鉄を成分としたものですが、しかしこれを飲んでも赤血球は痩せたままで大きくならず、したがって鉄欠乏は改善されません。食生活を変える以外に、鉄欠乏を克服する道はないのです。

先にも述べたように、地球上の生命は三五億年前の海の中で誕生しました。当時、鉄は海水中で最も濃度の高い元素であったことから、植物プランクトンや海藻は生命維持のための重要な役割を鉄にゆだねたものと思われます。

ずっと遅れて登場したヒトの血清成分も、海水の成分とよく似ています。そのことは、ヒトの生命もまた太古の海で生まれた生命とひとつながりであることを物語っています。そしてまた、ヒトも、酸素を体じゅうに運搬するという重要な役目を、鉄にゆだねていたのでした。

それなのに、その大切な鉄分を食生活から排除することによって、ヒトはいま自らを危険な状態に追い込みつつあるのです。森林を伐採し、河岸をコンクリートで固め、大量の土砂を海に流し込むことによって、海の生き物たちを殺し、海と陸の生態系を破壊してきたのも、またヒトのしわざでした。いずれも、ただひたすら利便性だけを追い求めてきた現代文明がもたらしたものです。

科学者たちの研究の成果を学ぶことによって、自然の摂理のみごとさ、すばらしさに驚嘆し、これからの文明や自分たちの生活のあり方を考える——これも「市民的教養」には絶対に欠かせない要素の一つであると思います。

【追記】鉄とフルボ酸との結合のメカニズムによる鉄イオンの供給は、沿岸部で見られる現象です。外洋では鉄のごく一部が鉄イオンとして微量に存在しており、植物プランクトンはこの鉄イオンを取り込んで生きているのだとのことです。

4 〈授業例③〉歴史の中の憲法第九条

※河上亮一氏の「憲法九条」の授業

Ⅰ章では河上亮一氏に全面的に登場していただきました。ここでもう一度だけ河上氏に登場していただくことにします。

前出の『学校崩壊』の中に、「私は授業をこんなふうにやっている」という節があり、そこで河上氏の憲法九条についての授業が紹介されています。「工夫次第で生徒は真剣になる」という小見出しがついていますから、河上氏にとって〝会心の授業〟ないしは〝うまくいった授業〟ということです。

以下、少々長くなりますが、その模様を紹介します。中学三年生の社会科の授業です。まず条文を読んで、その主旨を「日本は、戦争のために軍隊は持たないということになる」とまとめた後、次のような質問を生徒たちにぶつけます。

――「もし、現実の問題として他国に侵略されたら、どういう態度が考えられるか」

生徒たちは近くの者どうしで話し合って、三つの「態度」を考え出します。

①あきらめる

②個人で抵抗する（国の交戦権は認めないと言っているが、個人の交戦権までは禁止していない）

③侵略されることなどありえない

次にこの三つの「態度」をめぐって討議した結果、①と③はいずれも二、三人で、②が圧倒的多数となります。そこで次に、この②の検討に入ります。

二つの考え方が出されます。「国民が武装しておくか」「前もって軍隊を持っておくか」

のどちらかが必要だというのです。

そこでまず「国民総武装が可能か」ということについて検討します。結論は、現在の憲法では無理だとなります。

残るのは「前もって軍隊を持っておく」しかありません。そして実際、「日本は、この方法をとった。これが自衛隊である」と河上氏は説明し、「自衛隊が生まれるまでの歴史を復習し、現在の自衛隊の戦力を資料を使って」教えます。

しかし生徒たちは、憲法九条と自衛隊の存在が「明らかに矛盾すること」は理解しています。そこで次に、「この矛盾をどうするか」という質問をします。三つの立場が出されます。

(1) 自衛隊は憲法違反だから、自衛隊をなくす。
(2) 憲法を改正する。
(3) 解釈で切り抜ける。

このうち(1)は、最初の質問の①および③の立場と同じだからという理由で除外し、(2)と(3)についてだけ検討をすすめるのですが、これについて河上氏はこうコメントしています。

「現実は、日本政府は、(2)の立場をとらず、(3)の立場でこれまでやってきており、それは多数の国民に支持されているということでもある。つまり、生徒の多数派と同じ選択をしてきたことになる」

そして最後に、「解釈で切り抜けてきたために生まれた問題点」を考えさせます。次のような「問題点」が挙がります。
①自衛隊が憲法違反の存在であることは国民のほとんどが知っており、そのため国民を守ってくれる自衛隊を尊敬していないから、隊員の士気が低下するという問題がある。
②核攻撃に対してはアメリカ軍に頼っているから、アメリカ軍が本当に守ってくれるかという問題と、これで本当の独立国かと言えるのかという問題が出てくる。
③国際貢献について、ＰＫＯについてはやっと踏み出したが、ＰＫＦには参加できず、外国から非難されるという問題がある。
④無理に解釈しているから法律が不備で、現実に侵略に対して有効な行動がとれるのかという問題がある。さらに自衛隊へのコントロールが不充分で、暴走する恐れが残っている。
以上の「問題点」を整理した後、河上氏は次のようにしめくくってこの憲法九条の授業を終えたと書かれています。

「最後に、国民が憲法と自衛隊、国民の安全と生存について、根本から考えはじめなくてはいけないのではないか、今回の授業は、そのための準備として、問題点の整理をおこなった。将来の国民としてこれからしっかり考えてほしい、とまとめた。なお、(最初の質問での)少数派である『あきらめ派』(①)と『信頼派』(③)についての検討は、時間がないので残念ながら検討できない、と断った」

この授業に対する河上氏の自己評価は次のとおりです。

「生徒たちは、この間かなり真剣に授業に取り組んだ。日ごろ、社会性のない生徒たちだと考えていた私も、いくぶん考え方を変えなくてはいけないと反省したしだいである」

※「憲法改正」へと誘導する課題設定

この授業はやはり、河上氏にとって〝会心の授業〟だったようです。生徒たちも積極的に授業に参加し、段階を踏んで思考を深めていったように見えるからです。しかしよく注意して見ると、生徒たちは先生に巧みにリードされ、予定された結論に向けて誘導されていっただけのようにも思われます。

それは、最後に集約された「問題点」を見ればわかります。この四つの「問題点」は、解決への道としていずれも〝一つの方向〟を示しているからです。

まず①です。自衛隊は「国民を守ってくれる」存在なのに、「憲法違反」であるため、国民から尊敬されず、隊員の士気も低下しがちである。この「問題点」を解決するにはどうしたらいいか？　答えは――憲法を改正して、自衛隊を「憲法違反」のくびきから解放すればいい、となるでしょう。

次に②です。日本は核攻撃に対してはアメリカに頼っている。そのため本当の独立国と言えるのか、という「問題点」がある。これを解決するにはどうしたらいいか？　答えは――憲法を改正して、自衛隊を「国軍」として位置づけ、その戦力も核攻撃に自力で対抗できるように増強すればいい、ということになるでしょう。

③は、ＰＫＦ（国連平和維持軍）にも参加できず、外国から非難されるという「問題点」です。これを解決するにはどうしたらいいか？　それには武器の使用等を制限している現行法を改正して、「普通の国」の軍隊として戦闘行為に参加できるようにすればいいでしょう。しかしそのためには、憲法で禁じられている「武力の行使」を解除することが必要、となります。

最後の④は、法律が不備で、現実に侵略に対して有効な行動がとれるのか、という「問題点」です。つまり有事立法の問題です。戦前の日本には、もちろん有事法制が整備されていました。戦時となれば、軍は必要に応じて国民を徴用し、土地を収用し、物資を徴発することが認められていました。しかし戦後は、平和憲法の制定によってそうした法律はすべて廃棄ないしは改正されました。それを復活させるとすれば、どうしても憲法との整合性が問題にならざるを得ません。有事立法をおしすすめようとすれば、必然的に九条改正の問題が浮かび上がってくるでしょう。

要するに、最後に示された四つの「問題点」は、すべて「憲法改正」の方向をめざしているのです。そしてそのことを充分に承知している河上氏は、最後のまとめとして「国民が憲法と自衛隊、国民の安全と生存について、根本から考えはじめなくてはいけないのではないか」（傍点、引用者）と語り、「将来の国民としてこれからしっかり考えてほしい」としめくくったのです。

※危険な問題設定「もし他国に侵略されたら…」

では、どうしてこんな〝結論〟になったのか。第一の問題は、最初の問題設定にあります。

――「もし、現実の問題として他国に侵略されたら、どういう態度が考えられるか」

「もし現実に他国に侵略されたら」ということを前提に議論に入っていけば、多くはこの授業のようなはこびになるでしょう。しかし、現実はそう単純ではありません。現代の国際情勢下で実際に他国からの侵略が起こり得るのか、かりに起こるとしたら、それはどんな条件の下で想定されるのか、といったことの検討を抜きにして、こんにちの安全保障問題を考えることはできません。

ところが河上氏は、こうした検討はいっさい抜きで、いきなり「他国からの侵略」を生徒たちの前に投げ出すのです。しかも、この問いに対してせっかく生徒の間から提起された、①あきらめる、③侵略されることなどありえない、という主張・考えを、支持者が少数であることを理由にあっさり議論から切り捨ててしまいます。この点が、第二の問題です。もし河上氏が、この①と③の意見を尊重して、ていねいに議論を引き出せば、侵略の可能性の検討に議論をフィードバックさせることもできたでしょう。しかし河上氏は、この少数意見には目を向けず、ひたすら自衛隊をめぐる問題へと議論を導いていくのです。

まず、①の問題です。「あきらめる」理由として、自分が死んだり、家族が死ぬことを覚悟しなくてはならない、という意見が紹介されていました。この生徒は、戦争の悲惨の本質を直感しているのでしょう。と同時に、自分たちの国が実際に戦場になるという事態そのものを忌避したともいえそうです。

たしかに、この日本の国土が戦場になることは、想像するだけでも恐ろしいことです。日本にある原発はすでに五〇基。もしその原子炉の一つでもミサイル攻撃で破壊されたら、日本は核攻撃を受けたのと同様の放射能被害をこうむることになります。また東京湾には巨大な石油タンクや液化ガスのタンクが林立しています。もしそこがミサイルにねらわれたとしたら、東京はたちまち火の海と化すでしょう。そうしたコンビナートが、この列島の太平洋、瀬戸内海沿岸にはいくつもあるのです。電気、ガス、水道、通信などのライフライン破壊による国民生活への壊滅的打撃は、都市化がすすんだ現在、半世紀前の空襲による被害をはるかに超えるものと想像されます。

つまり、日本の国土は、もはや戦争のできない国土となっているのです。こうしたことの検討を抜きにして、「もし日本が他国に侵略されたら」などという乱暴な議論を、中学生たちにさせてほしくないものです。

次に③の「侵略されることなどありえない」という意見です。この意見も決定的に重要です。

すでに第二次世界大戦当時から、諸国家は「大義名分」なしに戦争を行なうことはできなくなっていました。当時の東条内閣が、アジア諸民族に対して「大東亜の解放」「大東亜共栄圏」を打ち出したのもそのためです。戦後はまして、「名分」を欠いた戦争は不正義の戦争として国際的に認められなくなりました。したがって、米国がベトナム戦争に介入したさいも南の親米政権からの「要請」という形をとりましたし、ソ連がアフガニスタンに軍事介入したときも（一九七九年）親ソ政権の「要請」という形をとったのです。

では、いまの日本に、他国に侵略の「名分」を与えるようなことがあるでしょうか。何ひとつありません。

北朝鮮（朝鮮民主主義人民共和国）のミサイルと〝不審船〟問題で一時期、一部のマスコミが〝脅威キャンペーン〟を張りました。しかしさすがに、北朝鮮軍が日本海を渡って日本列島に上陸してくると言ったマスコミはありませんでした。

かつての冷戦時代、自衛隊はソ連による〝北の脅威〟を主張しつづけ、陸上自衛隊の主力を北海道に配備し、演習をくり返していました。しかし、多少の軍事知識があれば、ソ連軍が宗谷海峡を渡ってくることなど到底考えられることではなかったのです。太平洋戦争の末期、日米最後の戦闘となったのは沖縄戦でした。当時、沖縄の日本守備軍はおよそ一一万、それに対し沖縄を包囲した米軍は戦闘部隊一八万のほか支援・後方部隊を含め五五万人という大兵力でした。このように上陸作戦を行なうには膨大な兵力を必要とするのです。それなのに、何の「名分」もないのにソ連軍が宗谷海峡を渡って侵略してくると考えるのは、妄想か、そうでなければタメにする議論に過ぎませんでした。

だいたい、日本に侵略してきて、日本を占領して、それでどんな利得があるというのでしょうか。日本には特に豊かな資源があるわけではありません。いるのは人間だけです。まさかドレイにしてこき使うというわけではないでしょう。

何の「名分」もないのに他国を侵略できる時代は、もはや遠くに過ぎ去ったのです。それなのに、まるで現代が帝国主義時代でもあるかのように、「もし他国に侵略されたら」などという問題設定の下で中学生たちに議論をさせることが、「真理を追求する」授業としてふさわしいとは思われません。

授業の最後に、河上氏は、「少数派である『あきらめ派』と『信頼派』についての検討は、時間がないので残念ながら検討できない、と断った」と書いていました。しかし、現代の国際情勢の下で安全保障の問題を考えさせるなら、その①と③の意見こそ、たとえ少数意見でも取り上げ、検討することが必要だったのです。

※国際条約にみる「戦争放棄」への歩み

さて、それでは、どんな切り口で憲法九条の学習に入ったらいいのでしょうか。私だったら、次のように問いかけてみたいと思います。

――日本国憲法は、軍隊を持つことを禁止しています。同様な憲法をもつ国は、ほかには中米のコスタリカ共和国があるだけです。こういう特異な日本国憲法は、どうして生まれたのでしょうか？

歴史を見ても、独立国で軍隊を持たない国は見当たりません。軍隊の種類や形式は、職業軍人と志願兵による常備軍、国民皆兵、古くは帝王直属の軍、領主の連合軍、あるいは傭兵などいろいろありますが、とにかく何らかの形で国家は軍隊を保持していました。軍隊を持たない国家など、一九四六年までは考えられなかったといえます。

ところが日本国憲法は、その〝常識〟を破って、軍隊を持つことを自ら禁止してしまいました。第二次世界大戦での敗北と、マッカーサー連合国軍総司令官による「押し付け」があったのは事実です。しかし、占領軍総司令官の力がどんなに強大だったとしても、彼の個人的な判断だけで、占領期の数年間は別として、憲法において将来にわたり軍備を持つことを禁じることなどできなかったはずです。ましてその国は、人口一億をかかえ、アジアでは真っ先に近代化を果たし、三年半にわたって大戦を戦ってきた国なのです。その〝大国〟に対し、史上はじめて非武装の憲法を求めたマッカーサーの背後には、彼の判断をささえる強い何かがあったにちがいありません。

そうです。当時の世界には、もうこれからはこんな悲惨な戦争はやめよう、軍備も縮小してゆこうという気分が満ちていました。そのことは、日本の敗戦の約二カ月前、サンフランシスコで調印された国連憲章を見ればわかります。その前文は次のように始まっていました。

「われら連合国の人民は、われらの一生のうちに二度まで言語に絶する悲哀をわれらに与えた戦争の惨害から将来の世代を救い……」

大戦の勝者だった連合国の人々さえそうだったのですから、まして敗戦国の日本国民の心情は容易に推測できるでしょう。将来にわたって軍隊を保持しないという、前代未聞の憲法を、むしろすすんで受け入れた当時の日本国民の間には、非戦・厭戦の気分が満ちていたのです。

非武装の日本国憲法は、肉親を失い、家を焼かれた人々の、戦争の惨禍と愚かしさに対する痛切な反省の中から生まれたことを、くり返し幾度も確認する必要があります。

しかし、戦争の抑制と軍備縮小の流れは、第二次大戦の中からはじめて生まれてきたものではありません。国際的な取り決めだけを見ても、そこにいたるまでにすでに半世紀にわたる長い歩みがありました。（以下、藤田久一・浅田正彦編『軍縮条約・資料集』有信堂、星野安三郎・森田俊男・古川純・渡辺賢二『世界の中の憲法第九条』高文研、参照）

一八九九年、オランダのハーグで二六カ国が参加して第一回世界平和会議が行なわれます。そこでは「毒ガスの禁止に関するハーグ宣言」（人を窒息させるガスまたは有毒質のガスを散布することを目的とした投射物の使用禁止）と「ダムダム弾禁止宣言」が採択されました。ダムダム弾というのは、体内に入ると先端が裂けて偏平になるため貫通せず、非常な苦痛とともに鉛の毒で死に至る弾丸のことです。日本政府もこれに署名、翌年批准しました。

つづいて一九〇七年、同じハーグでこんどは四四カ国が参加して第二回平和会議が開かれます。前回が残虐な兵器の使用禁止だったのに対し、今回は「なるべく戦争の惨害を減殺すべき制限をもうける」ことを目的に、「陸戦の法規慣例に関する条約」が調印されます。そこでは次のようなことが定められました。

・毒または毒を施した兵器、あるいは不必要な苦痛を与える兵器の使用を禁止する。
・武器を捨てて降伏を求めた敵を殺傷することを禁止する。
・やむを得ない場合を除いて、敵の財産を破壊したり押収したりすることを禁止する。
・相手国の国民を強制して作戦行動に加わらせることを禁止する。
・スパイを捕らえても、裁判なしに罰することを禁ずる。
・占領地での略奪を厳禁する。

同じハーグ会議で、「戦時海軍砲撃条約」も調印され、「防守されていない港、都市、村落への砲撃」が禁止されました。日本政府も「陸戦」「海軍」両条約を批准しましたが、のちのアジア太平洋戦争ではこれらの条項をことごとく黙殺したことは多くの本に書かれている通りです。

こうした歩みをへながら、しかしヨーロッパ諸国は一九一四年、第一次世界大戦に突入します。戦車、航空機、潜水艦など新たに開発された兵器が投入され、四年余にわたったこの戦争で死者一千五百万超というこれまでの戦争とはケタちがいの犠牲者を生み出します。そうした中、ドイツの無制限潜水艦作戦を機に参戦した米国のウィルソン大統領は、一八年一月、「一四カ条の平和原則」を発表、その中で「国家の安全に必要とされる最小限度まで」の軍備縮小と、「国際連盟」の結成を訴えたのでした。

戦後の一九二〇年、ウィルソンの提唱した国際連盟が――当の米国は議会の反対で加盟できませんでしたが――発足します。連盟規約は、「締約国は、戦争に訴えざるの義務を受諾し」、紛争が生じたさいは仲裁あるいは司法的な解決をめざすことを約束し、それを無視した国は他のすべての加盟国に対して戦争行為をなしたものと見なす、と述べていました。この国際連盟には、日本も加盟しました。

さらに八年後の一九二八(昭和三)年、ドイツ、アメリカ、ベルギー、フランス、イギリス、アイルランド、イタリア、日本、チェコスロバキアの各国代表がパリに集まり、「不戦条約(戦争放棄に関する条約)」を締結します。

条約は前文で「……その人民間に現存する平和および友好の関係を永久ならしめんがため、国家の政策の手段としての戦争を率直に放棄すべき時機の到来せることを確信し」「戦争の共同抛棄《ほうき》に世界の文明諸国を結合せんことを希望し」と述べ、次のような条項を定めていました。

第一条［戦争放棄］締約国は、国際紛争解決のため戦争に訴うることを非とし、かつその相互関係において国家の政策の手段としての戦争を抛棄することを、その各自の人民の名において厳粛に宣言す。

第二条［紛争の平和的解決］締約国は、相互間に起こることあるべき一切の紛争または紛議は、その性質または起因のいかんを問わず、平和的手段によるのほか、これが処理または解決を求めざることを約す。

日本政府も翌二九年、この「不戦条約」を批准しましたが、第一条の傍点部分については次のような留保をつけました。「第一条中の『その各自の人民の名において』なる字句は、帝国憲法の条章より観《み》て、日本国に限り適用なきものと解することを宣言す」。たしかに大日本帝国憲法の第一三条には、「天皇は戦を宣し和を講し《じ》及諸般の条約を締結す」とあったからです。

このように国際連盟規約につづいて不戦条約で、戦争の回避と〝違法化〟が取り組まれたのでしたが、一九二九年秋に始まる大恐慌をはさんで、世界にはまたも暗雲がたちこめ、三九年、ヒトラーのナチスドイツはポーランドに侵攻、第二次世界大戦の火ぶたを切ります。一方、これより先、三一年、日本軍は中国東北（満州）の柳条湖で自ら鉄道を爆破、それを口実に「満州事変」を引き起こし、さらに三七年には北京郊外、盧溝橋での演習中に起きた中国軍との接触を口実に中国との全面戦争（「日華事変」）に突入します。そして四一年一二月、ついに英領マレー半島とハワイ真珠湾への奇襲攻撃によって米国・英国との戦争になだれ落ちていったのでした。

その四一年八月、米国のルーズベルト大統領と英国のチャーチル首相は大西洋上の軍艦で会談し、連合国側の大戦にのぞむ基本的立場と戦後構想の原則を述べた「大西洋憲章」を発表します。その第八項には、「両者は、世界のすべての国民が……武力の使用の放棄に到達しなければならないと信ずる」と述べられ、「一般的安全保障制度の確立」がふれられていました。

この後、ルーズベルト大統領の指示で米国国務省内で国際連合憲章案がまとめられ、四三年、モスクワで開かれた米英ソ三国外相会談の場にこれが提案されて合意をみます。

こうして先に見たように、ナチスドイツの崩壊を目前にした四五年四月、サンフランシスコで、連合国側の五〇カ国が参加して国際連合創立総会が開かれ、六月、国連憲章が採択されたのでした。憲章には、先に見た前文のあと、国際紛争は平和的手段によって解決されなくてはならないこと、そしてすべての加盟国は、その国際関係において「武力による威嚇または武力の行使」を慎まなければならない、と述べられていました。

※なぜ歴史を学ぶのか

以上見てきたように、非武装の日本国憲法が誕生するまでには、オランダ・ハーグでの第一回世界平和会議から国連の結成まで、まず兵器の制限から始まって戦闘行動の制約、そして戦争放棄まで、長い取り組みの歴史があったのです。またその取り組みには、私たちの日本も、ハーグ会議から不戦条約までずっとかかわっていたのでした。第九条の「戦争放棄」は、決してとつぜん出現したものではなかったのです。

もう一つ、国連憲章の採択から日本国憲法の公布まで一年半の間隔がありますが、この間に、ある決定的な出来事が起こっていました。何か。

二度にわたる原爆投下です。核兵器の出現は、もはや人類は世界大戦を戦うことはできないということを示していました。以後、戦争の陰には、人類滅亡の恐怖がぴったりと寄り添うことになったのです。

国連憲章と日本国憲法には、明らかにつながりがあります。

憲法九条は一般に「戦争放棄」の条文として知られています。しかし九条が放棄しているのは「戦争」だけではありません。九条一項の条文は次の通りです。

第九条　日本国民は、正義と秩序を基調とする国際平和を誠実に希求し、国権の発動たる戦争と、武力による威嚇又は武力の行使は、国際紛争を解決する手段としては、永久にこれを放棄する。

つまり、放棄したのは「国権の発動たる戦争」だけでなく、「武力による威嚇」と「武力の行使」も放棄したのです。そしてこの「武力の行使又は武力による威嚇」という表現は、先に見たように国連憲章で使われていたものでした。それは、国連憲章ではじめて登場した用語（概念）だったのです。

では、なぜこの二つの用語が登場したのか。理由は、近い過去の事実の中にありました。

第二次大戦に突入する前、一九三五年、ファシスト党のイタリアは、三五万の兵力に加え航空機や毒ガスを使ってエチオピアを侵略、翌年には併合してしまいます。またつづく三七年には、ナチスドイツの空軍がスペイン・バスク地方の小都市ゲルニカを爆撃します。新鋭機の性能確認と演習をかねての一方的な「武力行使」でした。

日本もまた、三一年以降、満州で、また三七年以降は中国全土で「武力行使」を行ないました。日本はそれを「満州事変」「日華事変」と名付けました。明らかに戦争にちがいないのに、なぜ「事変」などというあいまいな呼称を用いたのか。二八年の不戦条約を批准していたからです。「人民の名において」でなく「天皇の名において」国際条約で戦争の放棄を「厳粛に宣言」していたてまえ、「戦争」と呼ぶわけにはいかず、戦国時代の

「本能寺の変」や幕末の「蛤御門《はまぐりごもん》の変」などからの連想でしょうか、辞書ではたんに「異常な出来事」（大辞林）とあるだけの「事変」の二字を当てたのです。

こうした事実があったため、国連憲章ではこれまでの「戦争」という用語に代えて、より具体的な「武力による威嚇」と「武力の行使」の用語が使われ、それが日本国憲法にも用いられたのでした。

このように第九条は国連憲章を受け継ぎながら、一面ではさらにその思想を徹底させました。国連憲章では「武力による威嚇又は武力の行使を……慎まなければならない」とあったのを、「武力による威嚇又は武力の行使は……永久にこれを放棄する」としたのです。そしてこう言い切った背景には、二度に及ぶ原爆投下の事実が横たわっていたのでした。

以上に述べたように、憲法九条は、戦争の抑制から放棄をめざした人類の半世紀にわたる歩みの到達点として生み出されたものです。当然、その歩みは、日本国憲法ほど明瞭かつ断定的ではありませんが、他の国々の憲法にも反映されています。ここでは、フランス、イタリア、ドイツの憲法を挙げます。

【フランス憲法】

「フランス共和国は、その伝統に忠実に、国際公法の諸原則に従う。共和国は、征服を目的とするいかなる戦争も企てず、かついかなる人民の自由に対してもその武力を行使し

ない。相互性の留保のもとに、フランスは平和の組織と防衛のため必要な主権の制限に同意する」（一九四六年、前文）

【イタリア憲法】

「一一条　イタリア国は、他国民の自由を侵害する手段として、及び国際紛争を解決する方法として、戦争を否認し、他国と互いにひとしい条件の下に、諸国家の間に平和と正義とを確保する秩序にとって必要な主権の制限に同意し、この目的を有する国際組織を推進し、助成する」（一九四七年）

【ドイツ基本法】

「二六条　⑴諸国民の平和的共同生活を妨害するおそれがあり、かつ、このような意図でなされた行為、とくに、侵略戦争の遂行を準備する行為は、違憲である。（略）

⑵戦争遂行用の武器は、連邦政府の許可を得てのみ、これを製造し、運搬し、かつ、取引することが許される。（略）

⑶何人も、その良心に反して、武器をもってする戦争の役務を強制されてはならない。（略）」（一九四九年）

毒ガスとダムダム弾の使用禁止を宣言したオランダ・ハーグでの第一回世界平和会議からちょうど一〇〇年をへた一九九九年五月、同じハーグで世界市民会議が開かれ、世界各地から平和の創出に取り組んでいるさまざまのNGOや市民が参加しました。コソボ紛争の「解決」を理由に国連決議ぬきでNATO軍のユーゴスラビア空爆が決行される中で開かれた市民会議でしたが、そこで採択されたのが、「公正な世界秩序のための10の基本原則」でした。世界に向けてただちに取り組むべき事柄を、具体的な一〇の項目（原則）にまとめたアピールですが、その第一項はこうなっていました。

一・各国議会は、日本国憲法第九条のような、政府が戦争をすることを禁止する決議を採択すべきである。

歴史の中から生み落とされた憲法九条は、その誕生から半世紀をへて、いま世界の心ある市民たちから、新たな歴史をつくってゆく導きの星として熱い視線を集めつつあるのです。

憲法九条は、河上氏の授業であつかわれていたように、たしかに自衛隊の存在という現実によって真二つに引き裂かれています。それはいわば理念が現実によって裏切られているという欺瞞的な状況にほかなりません。

この欺瞞的な状況を、九条の「改正」によって解消するのか、それとも自衛隊の「縮小・改編」によって解決するのか、それは国民一人ひとりに問われている問題であり、今後の日本の行方を決定する問題といえます。

このような生なましい問題は、授業の中で安易に取りあつかうべきではありません。下手にあつかえば、先に河上氏の授業で見たように、拙速に一つの〝結論〟に行き着いてしまうからです。

それよりも、歴史をきちんとあつかうべきです。憲法九条が生みだされるまでの歴史を学ぶだけでも、九条を見る生徒たちの目は格段に深まるでしょう。そうした見方は、まもなく数年後に彼らが自らの参政権を行使するさいにも、重要な判断資料となるはずです。

憲法だけでなく、物事をすべて歴史的な視点から見ること、これがとくに人文・社会科学を学ぶさいの基本とならなくてはなりません。物事にはすべて、原因があり、プロセスがあり、またその背景があり、その結果としての現在があることをわきまえた上で見るのと、ただ目の前の現象だけを見るのとでは、その認識の深さに決定的な差が生じるはずです。

物事を常に歴史的に見る見方、あるいは物事を変化するものとしてとらえ、その変化のプロセスの中で見るという見方――つまり〝歴史意識〟は、「市民的教養」の核心を形成する要素なのです。

VI

新しい学校を構想する

さて、以上に述べてきたような「市民的教養」の修得と「市民的徳性」の育成を二本の柱として、新しい学校をどう構想するかですが、学校制度全般にわたっての改編については、私にまだその用意はありません。というより、この二本の柱について、まず先生たちや市民のみなさんに検討してもらい、もしそこで合意が成立すれば、具体的な制度改編についてはみなさんといっしょに考えていきたいのです。

そのさいの大きな前提として、ここでは二つのことを述べておきたいと思います。

一つは、授業についての考え方であり、いま一つは、その授業を午前中に集中し、午後は自主活動その他に当てるという提案です。

なお、以下に述べることは、中学・高校を前提としています。

1　授業に対する考え方の転換

※高校での授業の現実

学校生活が生きいきとしたものになるためには、何といっても日々の授業が充実していなければなりません。なぜなら、生徒たちの学校での時間の大半は授業につぎ込まれているからです。だから、あえて言えば、授業は楽しく、したがって生徒にとって待ち遠しいものでなくてはなりません。

と言うと、部外者が何をユートピアのようなことを言うのか、とただちに反論が出そうです。たしかに先生たちが毎日接している生徒たちの現実は、こんな言い草をせせら笑うようなものだろうからです。

詳しくはこの後に紹介しますが、神奈川県で高校生を対象に行なわれたアンケート調査では、生徒の三人強に一人が授業の現状に不満を表明していました。そのデータと、もう一つ、岡山県での調査結果を示して、先生たちの意見を求めたのですが、その一人、東京のT・N先生はこう述べていました（『月刊ジュ・パンス』二〇〇一年一月号、「授業――何が問われているか」）。

「現任校に赴任して二年目になるが、〝生徒が勉強しなくなっているな……〟という実感がある。（アンケート結果では）〝理解していないのに進む授業がある〟という声が八〇％もあるということだが、日ごろの実感から〝理解する〟という努力を放棄しているんじゃないか、とつい言いたくなってしまう。

自分なりに下調べを十分にしたつもりで気合を入れて教室に臨んでも、ケータイをいじくっていたり、鏡に向かってメイク虫になっていたり、はては爆睡していたり……。教室という空間の中で受ける一斉授業は、生徒にとってはどうしても受け身になりがちだとは思う。しかし、自分の体験から言うと、学問のおもしろさとは、地味でめんどうくさい下調べを重ねてこそ到達できるもの。このアンケート結果は、魅力的な山があるのに、登山口で早くも〝疲れた……〟を連発している、ガマンの足りない若者が答えているような気がしてならない。

山の魅力を伝えるのは教員の役目であるが、すべての生徒に伝えられるとは思わない。私が感じる山の魅力は、一〇人のうち三人もわかってくれればいい（最近は、一人いるかいないかに減ってきているような気がしていて、ちょっとメゲているんですけど……）」

先生が抱いている授業（学問）のあり方と、生徒たちの現実との間には、どうやら気の遠くなるような落差がありそうです。

このT・N先生は生徒たちの授業に向かう姿勢・態度を問題にしていましたが、次の大阪のK・T先生は授業内容に問題があると言います。

「生徒の望むものと現在の授業内容があまりに離れているので、このような結果になっていると考えます。私自身の授業について生徒にたずねたら、満足度はもっと低い数字が出ると予想します。

原因については、文部省の指導要領を責めることもできるでしょうが、『高校はいかにあるべきか』について、教師サイドと生徒サイドでずれているためと考えます。教師は年を取り、現実の国際社会やＩＴ社会に対応しておらず、自分の価値観で『これくらいはわかるはず。これくらいは勉強せねば』と自分の方からのみ押しつけているためだと思います。

教室の主人公は生徒であり、生徒を信用し、生徒が評価する授業が一番よい授業であることを確認して、教師も生徒も親も教育委員会も文部省も、一から出直さないとダメだと思います。

ただ、私自身、そう思いながら、毎日ひどい授業をして、自己嫌悪に陥って教師をやめたいと思う日々で、一方、生徒の私への評価が下がれば下がるほど、私の方も生徒を嫌いになるという悪循環をどうすればよいかと悩んでいます」

もっと生徒の興味・関心に寄り添った授業を、と思いながら、それができず、しかも問題の深刻さを感じ取っているだけにいっそうジレンマに苦しんでいる先生の姿が浮かんできます。

※高校生の意識調査に見る授業の実態

以上、高校での授業の現状を伝える先生たちの声を紹介しましたが、こんどはそれを高校生たちへのアンケート調査から見てみることにします。

まず、二〇〇〇年二月に行なわれた神奈川県高校教育会館教育研究所による調査結果です（『神奈川の高校・教育白書二〇〇〇』所収）。対象協力校は二七校、回答した生徒数は一九四〇人となっています。

ここでは、学校生活についての満足度と、授業についての満足度の調査結果を紹介します（次ページの表参照）。

まず学校生活については、「満足している」と「どちらかといえば満足している」を合わせると、進学校が六二・五％、中堅校が四五・一％となり、まずまずの数字です。課題集中校になるとさらに減りますが、それでも三分の一は満足となっています。

ところが、授業になると、満足度は進学校で二一・九％、中堅校で一一・九％、課題集中校で一三・一％と激減します。学校生活の満足度にくらべ、授業の満足度は、進学校で三分の一、中堅校ではなんと四分の一に減少するのです（下段の表参照）。

次に、授業についての「不満」の理由を調べたのが、一九九九年一一月に行なわれた岡

神奈川県高校教育会館教育研究所『神奈川の高校/教育白書2000』より

Q.現在の学校生活について、どう感じていますか

	A	B	C	平均
満足している	22.8	11.7	6.8	12.4
どちらかといえば満足している	39.7	33.4	26.3	32.5
どちらかといえば不満である	13.9	20.7	18.8	19.1
不満である	8.9	13.5	19.1	14.5
どちらともいえない	13.6	20.2	29.0	21.1
無回答	1.1	0.5	0.0	0.4
計				100.0

Q.授業についてはどう感じていますか

	A	B	C	平均
満足している	21.9	11.9	13.1	14.2
不満である	31.4	37.7	33.8	35.1
どちらともいえない	46.7	50.2	52.8	50.5
無回答	0.0	0.2	0.4	0.3
計	0	0	0	100.0

A：進学校
B：中堅校
C：課題集中校

◉学校生活と授業の満足度の比較

	A	B	C	平均
学校生活	62.5	45.1	33.1	44.9
授　業	21.9	11.9	13.1	14.2

（注）学校生活の満足度は「満足している」と「どちらかといえば満足している」の合計

山県高等学校教職員組合による調査です。回答した高校生の数は一六三〇人。

結果は、次ページの表のとおりです。「理解してないのに先に進む授業」が「かなりある」「少しある」合わせて八〇％というのがトップです。先にみたような先生たちの意識と生徒たちの意識の落差が、この数字にまざまざと現われているような気がします。

四番目の「なぜ勉強をするのかわからない授業」が合計五七・四％とあるのも気にかかります。本書のⅠ章で検討

岡山県高等学校教職員組合
「学習と生活と進路選択に関する意識調査」より

✳「かなりある」「少しある」と答えた授業（多い順）

	合計（かなりある・少しある）
①理解していないのに先に進む授業	80.0％（26.1・53.9）
②一部の生徒しか聞いていない授業	65.1％（24.2・40.9）
③進学や資格試験の準備中心の授業	62.4％（23.4・39.0）
④なぜ勉強をするのかわからない授業	57.4％（22.5・34.9）

✳「あまりない」「殆どない」と答えた授業（多い順）

	合計（あまりない・殆どない）
①今日の科学技術を身近に感じさせる授業	71.2％（40.0・31.2）
②視野が広がる授業	67.7％（50.3・17.4）
③生徒の参加をうながす授業	59.0％（40.7・18.3）
④実際の生活や体験と結びついた授業	58.4％（40.9・17.5）
⑤物事の基本を考えさせる授業	57.9％（40.3・17.6）
⑥興味・関心を深める授業	53.5％（36.1・17.4）

した「なんで勉強するの？」という問いは、こうした土壌から発生するのでしょう。

日ごろの授業がそうだとすれば、望ましい授業のあり方に対する否定的な答えが多いのもやむを得ないことになります。下の表です。

「今日の科学技術を身近に感じさせる授業」は、「あまりない」「殆どない」合わせて七一・二％、次いで「視野が広がる授業」も合わせて六七・七％と高率です。「なるほど、そうだったのか！」と胸に落ち、「知らなかったなあ、そんなことがあるなんて！」と目を覚ますような授業は少ないということです。面白みのない、干からびた授業――というイメージが、残念ながらいやでも浮かび上がってきます。

※「五〇分授業」は実は「三三時間の授業」

先に意見を紹介した大阪のK・T先生は「一から出直さなくてはダメだ」と述べています。たしかに、こうした授業の実態を見れば、よほど覚悟してかからなければ改革は果たせそうにありません。

そのためには、授業に対する考え方そのものを検討してみる必要があると思います。

かつて全国の中学で校内暴力が吹き荒れたとき、生徒たちの〝荒れる心理〟について、「授業が何にも理解できないのに、じっと席についていなければならない、そのやりきれなさを想像してみる必要があるのではないか」といった指摘がありました。たしかにその通りです。

私たちも集会に参加して講演を聞く機会がしばしばあります。充実した話に満足することもあれば、何の準備もなしに演壇に立った講師の〝漫談〟をだらだらと聞かされることもあります。そんなときは、むしょうに腹が立って、よほど中途で退出しようかと思います。一般市民を対象にした講演会であれば、最後まで聞かなくてはならない義務も義理もありませんから、途中で出ようと思えば出られます。しかし授業となると、そうはいきません。

　ミヒャエル・エンデの創作『モモ』に、「時間どろぼう」の話が出てきます。聴衆を前に、つまらない話をだらだらとつづける講師は、この「時間どろぼう」です。つまり、五〇〇人の聴衆に対し一時間話したとすれば、一人ひとりから一時間、合計五〇〇時間をこの講師は盗み取ったことになるからです。

　授業もそうではないでしょうか。費やす時間は、たしかに五〇分です。しかしその授業を四〇人の生徒が受けたとすると、五〇分×四〇人で総計二〇〇〇分、すなわち延べ三三時間が投入されたことになります。したがって、その授業が退屈なまま終わったとすると、三三時間が無意味に費やされたことになるでしょう。

　五〇分の授業なのではありません。三三時間の授業なのです。そう考えれば、たいした準備もなく、教科書ひとつでその時間をやり過ごすことなどできるはずはありません。

　私の尊敬する歴史家のN先生は、たまに講演依頼を受けると、必ず草稿を作られます。その内容も、雑誌などに発表するものと同じ完全原稿です。

　このN先生ほどではなくとも、聞いてくれる人をだいじに考える人なら、起承転結をふまえて講演内容を組み立て、レジュメ程度は作ります。それが、講演を引き受けたさいの講師としての聴衆に対する最低の礼儀だと思います。授業も同じはずで、授業を受ける生徒たちをだいじに考えるのであれば、準備不足ならまだしも、準備なしの授業などとうてい考えられません。

五〇分の授業と考えれば、事情によっては、今日のところはやむを得ない、流しておくか、ということになるかも知れません。しかし、三三時間の授業となれば、そう簡単に「流す」ことにはならないはずです。

※教師は授業の脚本家、演出家、そして主役

授業の主人公は、大阪のK・T先生も述べていた通り、生徒たちです。このことはわかりきったことでありながら、しかし現実は必ずしもそうなってはいません。先生の〝一人芝居〟に終始する授業が依然として少なくないのが現状です。

というのも、生徒たちははじめから授業の主人公として存在しているのではないからです。生徒たちは主人公であるのではなく、主人公になるのです。誰によって？　もちろん、先生によってです。

放っておけば、生徒たちは講演会の聴衆と同様、授業の一方的な受け手の状態から立ち上がってはきません。彼らを立ち上がらせるには、先生による〝演出〟が必要です。

演出で一番だいじなのは、発問です。生徒たちがくいついてくるような問いかけを発す

る必要があります。底の浅い発問、つまらない発問では、彼らの関心を呼び覚ませないからです。

生徒たちに対し彼らがドキリとするような問いかけを発したら、短時間の小グループでの討議を指示します。このグループ討議がスムーズに成立するためには、前もってリーダー役を決めておく必要があります。

頃合いを見て、グループごとに意見を発表させ、できるだけ論点をきわだたせます。その論点を整理し、欠落していた点を補足して、必要ならさらにグループ討議を指示し、場合によっては全体討議に入ります。

こうしてしぼられた論点が、生徒たちが現在もっている知識では解けないことが明らかになったとき、先生が新たな知識を含む説明を加えます。あるいは前後の知識を系統だてて説明し、一つの学説として生徒たちに提示します。自分たちが頭を熱くして考えても解けなかったことが、先生の筋道だった説明で見事に解き明かされ、あるいは系統づけられるとき、その説明は砂地に水がしみ込むように生徒たちの頭脳に吸い込まれてゆくでしょう。

このように、先生による説明・発問・グループ討議・全体討議を組み合わせることによって、生徒たちは主体的に授業に参加し、その結果、授業の主人公になることができるのです。

以上、口はばったいことを述べましたが、こうした授業方法は私などが改めて解説するまでもなく、熱心な先生なら日常的に実践されていることです。しかし残念ながら、多くはまだそうでないことを、先ほどの岡山県高教組の調査――「生徒の参加をうながす授業」は「あまりない」「ほとんどない」が合わせて五九％という数字が示していたのだと思います。

さて、こうした〝演出〟を行なうためには、当然〝脚本〟が必要となります。脚本のない演出などあり得ないからです。

まず導入、いわば切り口です。ただたんに「えー、今日は教科書の××ページからです」と言って、それで生徒たちを引き付けられればそれでいいのでしょうが、一般にはそれは困難で、生徒を授業の世界にぐいっと引き込むためには、やはりそのための準備が必要です。ある作家は、小説の書き出しが決まれば、それで作品の半分はできたのも同じだと言ったそうですが、演劇や映画の演出家も出だしに勝負をかけています。授業も一つのドラマだと考えれば、その導入に知恵をしぼるのは当然です。

次に、発問です。授業内容の本質に切り込み、かつ次の展開へとつづくような発問は、その場の思いつきでは浮かんできません。前もって発問を用意し、それに対する生徒たちの反応を想定しておくことも必要です。時には、小グループでの討議の中から、その想定を超えた先生の意表をつく意見が飛び出すかも知れません。そのときは率直に、「なるほど、そういう見方もあるな。いや、驚いた、感心しました」とほめてやればいいでしょう。ほめられた生徒はそれこそ舞い上がり、次はもっと鋭い意見を、と意気込むとともに、先生の方もそうした想定外の意見が飛び出すことによってより豊かな授業展開が期待できるはずです。

このように的確な発問によって生徒たちを授業に巻き込みながら、あわせて要所要所では、先生による説明がすっきりと、かつインパクトをもって語られなくてはなりません。キーワードとグラフや図解を使った、論理的でメリハリのきいた説明です。そのときの先生は、授業の〝主役〟となります。当然、その草稿を準備し、さらに頭の中だけででも二、三回のリハーサルをやっておくことが必要です。

こうして先生は、授業の中でまず脚本家として、次に演出家、そして主役として、三つの役目を兼務することになります。大変な役目です。でも、おろそかにはできません。なにしろ五〇分の授業には、生徒たちの「三三時間」が投入されているのですから。

※持ち時間の上限は一日「二時間」

脚本家、演出家、主役としての役割のほかに、先生たちにはもう一つ、重要な役目があります。すでにくり返し述べた「市民的教養」としての授業内容の探求と構築です。

先の岡山高教組の調査で生徒たちから「あまりない」「ほとんどない」と指摘された授業――「今日の科学技術を身近に感じさせる授業」「視野が広がる授業」「実際の生活や体験と結びついた授業」「物事の基本を考えさせる授業」は、私が述べてきた「市民的教養」の探求なしにはつくりだすことはできないと考えます。

それぞれの教科・科目の内容を、「市民的教養」という視点から見直し、不足の部分は補充して、それら全体を再構築し、さらに適切な補助教材（ビデオや写真、グラフなど）を準備して、それを一つの授業展開に組み立てるには、相当の時間と労力を必要とします。その上での脚本作りと演出、主役なのです。そしてこれを、教職という職業についている以上、毎日やらなくてはならないのです。

では、こうした授業をやるとして、一日にどれくらいの授業時間が担当できるのでしょうか。

現在、中学の先生の場合は週に二〇時間というのが標準的な持ち時間のようです。一日に四時間から五時間という計算になります。

これでは、私が述べたような授業ははじめから不可能です。あえて要求すれば、先生たちを過労死に追い込むことになります。そんな無茶はできません。

私が述べたような授業は、一日二時間が限界だと思います。実際の授業時間は二時間だとしても、その裏では数時間が投入されています。そして、生徒たち一人ひとりの表情に目を配りながらの二時間の〝演出〟と〝主役〟の任務遂行は、先生たちの神経をすり減らし、へとへとに疲れさせるのに十分であろうと私は推察します。

しかし現在の学校のあり方では、先生たちの一日の持ち時間が二時間ということは考えられません。したがって、私が述べたような授業が日常的に実現されることもあり得ない、ということになります。

そこで、学校での時間編成を全面的に組み替えることが必要になってきます。

2　授業は午前に集中、午後は自主活動などに

※生徒の知的緊張の持続は上限四時間

授業がなりたたない、という声を聞くようになってから、もう二〇年あまりになるでしょうか。以前は、居眠り、マンガ本、内職といったかわいい(?・)ものでしたが、やがて私語が広がりはじめ、一部の高校では立ち歩きなども出現、さらにケイタイという〝新兵器〟も現われて、先生たちを悩ませています。私語はいまや大学でもごく普通の現象となりました。

私語はたしかに困ったものです。居眠りの何倍も授業を撹乱します。しかし一方、生徒の方に言わせれば、私語でもしなければ、五〇分も堅い椅子の上に座ってはいられないということになるのかも知れません。

視点をガラリと変えて考えてみることにします。

先生たちは、生徒が授業に集中してくれないと嘆きます。その嘆きはもっともです。しかしその先生たちも、生徒たちが自分の授業だけ集中してくれればいいと思っているわけではないでしょう。つまり、どの先生も、生徒が授業に集中することを願っているはずです。

ということは、生徒の側から見るとどうなるか。現在、中学・高校では一日の授業時間が平均六時間、その六時間のすべてに集中することを求められているということになります。

その集中とは、たとえば私が先に述べたような、先生の発問を受けての小グループでの討議と全体討議を組み合わせた授業への積極的な参加です。先生の授業展開がダイナミックに進行すれば、生徒たちの頭脳も知的興奮でかっかとほてることになるでしょう。そういう授業を人は毎日、六時間も受けられるものでしょうか。そういう知的緊張に、人は毎日、六時間も耐えられるものでしょうか。

現在、生徒たちが毎日六時間の授業をつつがなく受けているのは、その途中で息抜きをしているからです。あるいはぶっ通しの知的緊張を強いられていないからです。

その結果、彼らが本気で勉強するのは、定期試験前の一週間か、長くて一〇日間ということになります。それも付け焼き刃の丸暗記で終わりますから、試験がすむとその記憶はたちまち剝《は》げ落ちてしまうことになります。

望ましいのは、一時間、一時間の授業で学習したことが、生徒たちの頭脳にしっかりと突きささること、あるいは焼き付けられることです。そのためには、主体的に授業に参加し、頭脳を燃焼させることが前提となります。その上で、先生の説明がストンと胸に落ちたとき、そこで語られた知識あるいは認識は、学習の成果として、新たに目を開かれた感動とともに生徒たちの頭脳に刻印されるだろうからです。

そして、そういう知的緊張状態を持続して授業が受けられるのは、長くて四時間程度ではないかと私は考えます。

先生の一日の持ち時間の上限は二時間、生徒の知的緊張の持続は上限四時間。そこから、教室での授業は午前中にしぼり込むという私の提案が生まれてきます。

しかしこの提案に対しては、ただちに反論が出るでしょう。現在の六時間を四時間に削減したら、教育内容はどうなるのか、と。でも、物事には常に、量と質の二つの面があります。適当に息を抜きながら過ごす六時間と、知的緊張ではりつめた四時間とは、その実質はどちらが大きいでしょうか。答えは言うまでもないと思います。

それに、知的緊張による充実感の体験は、必ず生徒たちの学習意欲を喚起するはずです。なぜなら、「ヒトは本質的に学習する動物である」からです。読書の楽しさを知った生徒が次々に新しい本を手にしてゆくように、学ぶ喜びを知った生徒は、先生の適切なガイドさえあれば、教科書はもとより関連書にも手を出すはずです。そうなったとき、いまは受験勉強室か雑談サロンと化している学校図書館も、その本来の機能を取り戻すでしょう。

※「市民的徳性」をたがやす活動

さて、教室での授業は午前中に集中するとして、では午後はどうするのか。

基本的には「市民的徳性」をたがやす時間として設定します。基軸となるのは、クラス

（学級）を基礎単位とした自主活動です。

なぜ、クラスを基礎単位とするのか。理由は、「市民的徳性」が、まず他者とかかわることから出発し、意見の相異を討議によって克服し、協同・協力を通じて「自治」の力を獲得することを目的としているからです。

クラスは、生徒たちにとってはいわば与えられたものです。したがって、はじめのうちは、周囲は文字どおりの「他者」ばかりの状態にあります。その「他者」に対して互いにはたらきかけ、やがて深い信頼関係を樹立してゆくプロセスが、クラスでの自主活動の発展過程となります。

現在もロング・ホームルームの時間というのがあります。この時間をどうやって過ごすかがクラス担任になった先生たちの悩みです。ロング・ホームルームは討論の時間と思い込む傾向も少なからずありました。

しかし、とくに切実な目的もないのに、真剣な討論などできるはずはありません。討論のための討論などは無意味です。

充実した討論のためには、具体的な課題が設定されていなくてはなりません。そしてその課題は、クラスのメンバー一人ひとりにかかわりがあるということが大事です。

そこで、全校的な行事が設定される必要が生じてきます。そしてその行事では、クラス単位で参加し、クラスごとに出来栄えを競い合うことが求められます。

そのような行事としては、一般に見られるものとしてすでに文化祭や体育祭があります。球技大会なども広く行なわれています。また合唱コンクールを伝統的な行事にしている学校も少なくありません。クラスで取り組む演劇は文化祭の中で行なわれていますが、文化祭から独立させて、クラス参加による演劇祭を行なうことも考えられます。演劇は集団的な取り組みを必要とし、さらに演劇そのものに教育的効果が潜在しているからです。そのほか春の遠足や夏休みのクラス・キャンプなどもすでにこれまで多くの学校で実践されてきていることです。予餞会（卒業生を送る会）も多くの学校で行なわれてきました。

こうした行事を、春・夏・秋・冬と設定し、それぞれ取り組みの時間を一日二時間、二週間から三週間当てるとすると、午後の時間の三分の一程度がそれに割り当てられることになるでしょう。これまでクラスごとの文化祭の取り組みなどは放課後を使って行なわれ、そのため必然的に取り組みをめぐってあまり生産的でないいざこざが生じましたが、〝準正課〟として取り組むとなればそうしたことはずっと少なくなるし、充実した取り組みが可能になるでしょう。

なお、こうした全校行事の設定は生徒会によって行なわれることになります。生徒会は、最高議決機関としての生徒総会、各クラスから二名ずつ選出された議員で構成される生徒議会、そして執行部からなります。またその活動を支援する機関として生徒会顧問団がもうけられ、ここで職員会議との意見の調整や、場合によっては職員会議代表団との直接の交渉の場を設定することになります。

生徒会役員は、現状はほとんどの学校でそのなり手がなく、多くは名目だけの仮死状態を呈しています。しかし、生徒会の議員や役員こそ、「市民的徳性」を習得する最良の機会に恵まれたポストであることは疑いありません。そのことを生きいきとした言葉で生徒に伝え、またその活動が多くの生徒の目に見えるようにしていけば、活動の時間は保障されるのですから、より多くの生徒が立候補の呼びかけに応じてくれるでしょう。

※スポーツ・芸術活動、ボランティア、自主ゼミなど

以上のようにして、午後の時間のほぼ三分の一程度はクラスを単位とした自主活動に使われます。では、その他の時間はどうするか。一つ考えられるのは、スポーツ（体育）と芸術（音楽、美術、書道など）の時間をこの午後の時間に設定することです。

スポーツと芸術を午後に集中することは、時間割の編成や講師の配置など技術的に困難かも知れません。しかし、たとえば二時間目、三時間目に体育の時間があり、とくに暑い日などふきだす汗をぬぐいながらでは、先に述べたような授業に前傾姿勢で参加すること

などできるはずがありません。体育については、午前中の授業としてスポーツ・ルール学やスポーツ社会学を学習し、実技は午後、心置きなく汗が流せれば、それに越したことはないと考えるのですが、どうでしょうか。

芸術も、午後、二時間通しで時間をとって、合唱にしろ、野外写生にしろ、版画製作にしろ、熱中して取り組めるようにしてはどうでしょうか。もう少し時間がほしいときは、希望者はそのまま続行することもできるでしょう。

クラスの自主活動もなく、体育や芸術の時間がない日には、クラブ活動・部活動を中心にしたスポーツ・文化活動に専念することができます。とくに運動部（クラブ）については、いまなお勝敗至上主義が支配的ですので、そのあり方については根本から再検討が必要ですが、日中の時間が少なくとも現在よりはずっと余裕をもって確保できるでしょうから、「朝練」などという根性主義的な異常な鍛練は無用になるでしょう。

一人ひとりの自発性にもとづくボランティア活動も、その時間が保障されることになります。そのさいは、もちろん先生や先輩、地域の人々によるていねいなオリエンテーションが必要です。そしてそのボランティア活動で得たものは、校内放送や学校新聞、あるいは先生の話などいろんな場を通じて他の生徒たちに伝えられてゆくことが大事です。それによって、多くの生徒がボランティア活動の実際を知り、自分も参加してみようという気になるでしょう。

時間の余裕ができれば、先生たちが自分の授業を発展させることもできます。たとえば、授業の中でドキュメンタリーやドラマのごく一部をビデオで見せることがありますが、希望者には日時を決めて視聴覚室でその全部を見せることができるでしょう。その後、生徒たちと先生とで感想の交換ができれば、先生としては生徒たちの反応をより具体的に知ることができ、生徒の方は先生の意欲に接していっそう積極的に授業に参加してくることになるでしょう。

この例は先生の方からの自主ゼミですが、逆に生徒の方から先生にはたらきかけて、授業で紹介された本を希望者をつのって読むという自主ゼミが生まれるかも知れません。こうした学習こそ本物の学習で、そこで得たものは中学時代あるいは高校時代の最良の思い出として、生徒たちの胸に生涯消えることなく刻まれるでしょう。

これらのほかにも、たとえば地域でユニークな仕事・活動をしている人を招いて有志で話を聞くとか、コンサートを企画するとか、さまざまのことが考えられるでしょう。そして、そうしたことを仲間とやりとげるとき、生徒たちはその活動の果実とともに、もう一つの果実である「市民的徳性」をしっかりと身につけてゆくはずです。

しかし——生徒がアルバイトに走ったらどうする？　とくに高校の場合はこの問題が出

てくるはずです。でも、それはたいした心配ではありません。なぜなら、スーパーでのレジ打ちにしろ、ガソリンスタンドでの仕事にしろ、ファーストフードでのウェイターにしろ、生徒たちは学校よりもはるかにきびしい実社会のルールの下で「市民的徳性」の一部――たとえば時間厳守、契約の履行、責任の遂行、機敏な行動、明確な意思表示など――を身につけてゆくだろうからです。

問題は、先生がその生徒たちからアルバイトの内容を具体的に聞き取り、それがどういう性質の仕事であり、社会的にどういう意味をもつものであるかを、彼ら自身に客観的に自覚させることです。それさえできれば、アルバイトも貴重な〝体験学習〟になるでしょう。

※一人ひとりが「居場所」を確保できる自主活動を

こうして午後の時間をたっぷりと確保することにより、生徒たちの自主的な活動が校舎や校庭のあちこちで展開されることになります。そうなれば、文化祭前の準備期間のような活気に満ちた声が年間を通して聞けることになるでしょう。

ただし、ここで一つ注意しなくてはならないことがあります。集団と個人の関係です。次に紹介するのは大阪の高校三年生、神崎舞さんの意見ですが、多くの生徒の中にはこのような生徒もたしかに存在するからです（以下、『月刊ジュ・パンス』二〇〇一年二・三月号から）。

「『日本は学校教育の場でも集団行動を重んじる国だ』と私は思う。小学校から、学年全員で過ごす行事が多い。遠足、臨海学習、修学旅行、音楽会……と種類はさまざまだが、中身はだいたいいつも同じだ。

〝皆で一緒に楽しく過ごそう〟。たくさんの行事を通して、教師はいつだってクラスや学年の皆を一つにしたがる。その輪からはみ出す子どもに対しては、『早く皆の元へ』とせかす。なぜ、このように集団行動や全員を統一することを日本の教師たちは重視するのだろうか。

私は昔から集団行動が好きではない。皆で遊ぶのもたまには楽しいが、人に合わせるとしんどい。遠足は列からはみ出して、一人で花や虫を見ることが好きだったし、音楽会だって皆と演奏するより、一人でリサイタルで歌う方がずっといい。（中略）

中学から高校にかけて、ほとんどの学校はロングホームルームという授業を設ける。これはクラスの中の交流の機会を作るためである。そして毎週のように皆で何かを決めたり、ゲームをしたりする。ロングホームルームで決まることは、たいがい多数決で一致したものだ。賛成していない者も、無理やりクラスに合わせなければならない。

私はこのロングホームルームも苦手だ。息がつまる。だから、皆には悪いが、先日もクラスのゲームを放棄して帰った。皆に合わせて一時間も遊ぶなんて苦痛に思えた。

案の定、先生に叱られた。最初は頭ごなしに叱られた気がして腹が立ったが、幾度かの話し合いでこの問題は解決した。私の担任は、私が苦しいのをわかっていなかったわけではなく、クラスメイトに対して失礼な帰り方をしたことを指摘された。

今回の件で、私は人の心を傷つけてしまったが、私のようにロングホームルームから逃げて帰りたいという衝動に駆られている生徒が他にもいるのではないだろうか。一緒にゲームをしたくないという生徒にも、別の形で参加できる方法がほしい。（後略）」

心して耳を傾けなくてはならない意見だと思います。こうした個性は、しばしば「わがまま」として排除され、時に「いじめ」の対象にもされかねないからです。

ロング・ホームルームでのゲーム放棄については、神崎さんのこの意見の中でいちおう解決されています。何度かにわたる話し合いの中で、担任の先生は彼女の気持ち、個性をよくわかってくれたし、問題はゲームの放棄そのものよりも「帰り方」にあったことを彼女自身も納得したからです。

しかし、本質的な問題は依然として残っています。クラス（集団）で何かを決定するさいの多数決の問題、言い換えれば少数意見をどう扱うかの問題です。クラス（集団）の成員一人ひとりを最大限に尊重するにはどうしたらいいかという、いわば高度の民主主義の問題が、ここでは問われているのです。

近年、生徒一人ひとりの「居場所」の問題が話題となっています。学校の中に「居場所」が見つけられないために、生徒たちは放課のチャイムが鳴り終わるか終わらないうちに脱兎のごとく学校を去ってゆくというのです。

生徒の一人ひとりがそれぞれの「居場所」を確保できるような、そんな自主活動が求められます。集団になじめない生徒はたしかにいます。「不登校」や「引きこもり」の増加に見られるように、そうした傾向は強まりつつあります。したがって、生徒一人ひとりをていねいに見、接していくことがますます大事になってきています。

しかし一方、Ⅳ章の「自主活動はどのように生徒を変えるか」で見た加川晶子さんの場合のように、生来の引っ込み思案でクラスに話せる友達は二人だけ、とくに男子には声をかけることすらできなかった生徒が、学園祭の取り組みを通して、外部に向かって自分を開き、他者とかかわっていけるようになることも少なくないのです。

ポイントの一つは、先生の目が一人ひとりの上に注意深くそそがれることです。物言わぬ生徒の、その沈黙の背後にあるものを、さりげないアプローチを通して汲み取っていくのが先生の役割です。

もう一つのポイントは、徹底した話し合いにあります。話し合いがいいかげんであれば、少数意見は多数意見によって排除・抹消されます。そうした苦い体験の積み重ねが〝集団ぎらい〟を生み出すのです。

すぐれた実践記録には、必ずといっていいほど、涙声で本音をぶつけあう話し合いの場面が登場します。多くは集団がのっぴきならないところに追い込まれ、建前だけではどうにもならなくなったとき、本音のぶつかりあいになるのです。きわどいと言えばきわどいのですが、こうした場面を乗り越えることによって、集団はひと皮もふた皮も脱皮してゆきます。

一人ひとりの意見（存在）が最大限に尊重され、なおかつ集団としての質が高められ、その集団の質がまた個人の自立をうながしてゆくという、そういう自主活動をどうつくり出してゆくのか――。

課題はあまりにも大きすぎ、容易に達成できるとは思えませんが、しかしその課題に取り組んでゆく過程そのものが、実は生徒一人ひとりに「市民的徳性」を獲得させ、自立した「市民」を生み出してゆく過程にほかならないのだと私は考えます。

生涯をかけて挑戦する山であるならば、山は高ければ高いほどいいのです。

終わりに

本書の執筆を終えた直後、『朝日新聞』への中曽根康弘元首相の寄稿を読みました（二〇〇一年四月七日付、「私の視点」欄）。

「現在の日本は戦後最大の国家的危機にある」

これがその書き出しです。つづいて中曽根氏は、「一九九〇年代の日本の政局を見ると、太平洋戦争直前の昭和一〇年から一六年の開戦に至るまでの日本を想起せざるを得ない」と述べ、その例証として太平洋戦争開戦前の七年間に八人の総理が代わったのに対し、「現在の日本は竹下内閣の後、宇野、海部、宮沢、細川、羽田、村山、橋本、小渕、森、更に今回代われば約一〇年間に一〇人の総理が代わることになる」と指摘していました。元首相らしい着眼です。

では、この「国家的危機」に当たって、いま何が求められているのか。中曽根氏は、「国民に希望と努力目標を示す二一世紀の日本の設計図、青写真、即ち国家像を示さなければならない」と説きます。

その新しい国家像の骨格は基本的には「憲法改正」によって示されるというのですが（中曽根氏の見通しでは一〇年以内に実現）、それとあわせて当面、「三つの国家の基軸を成す基本法の制定が必須である」と主張します。

そしてその第一が、「教育基本法の改正である」と——かつて首相時代に臨時教育審議会（臨教審）を設置し、今日につづく〝新自由主義〟の路線を敷いた——元首相は述べていました（第二は財政構造改革基本法、第三は国家安全基本法の制定）。

教育基本法の改正から憲法改正へ——。中曽根氏の構想の中では「二一世紀の国家像」がすでに強い輪郭線で描かれているようです。

＊

「国家」に至高の価値を置き、「国家」を中心とする考え方、つまり国家主義の流れは、この数年ますます勢いを強めています。

その一つが、一九九九年八月の国旗・国歌法の制定です。同法案の審議の過程で、政府は卒業式や入学式での「強制はしない」と言い、当初予定していた国旗・国歌の「尊重規定」も法案から削除しました。ところが実際は、日の丸・君が代にかかわっての教職員の言動を記入した「服務状況報告書」の提出を校長に対して求めたり、さらには「職務命令」をかざしての強硬措置によって、法律制定からわずか二年で、全国の小、中、高校では日の丸掲揚・君が代斉唱がほぼ一〇〇％達成されました。憲法一九条「思想及び良心の自由」の保障規定も、ものの数ではありませんでした。

しかしその一方で、学校現場の空気が重苦しく沈み、管理職と先生たちとの信頼関係が決定的に破壊され、先生たちの脱力状態がすすんだことはよく指摘される通りです。

九九年にはまた、新ガイドライン（日米防衛協力のための指針）にもとづく周辺事態法が成立しました。これにより日本は、政府見解によっても国外では「戦争のできない国」であったのが、米軍に対する支援という形ではありますが国外でも「戦争をする国」へと変わりました。

最近では、「新しい歴史教科書をつくる会」の中学教科書の検定合格があります。国内はもとより韓国や中国からのきびしい批判がある中での検定でしたが、一三七カ所の修正意見をすべて受け入れて合格、「つくる会」の西尾幹二会長は記者会見で、「やむをえない修正を余儀なくされた部分もあるが、全体としてはほぼ趣意書に掲げた通りの教科書が誕生したことを、これまで当会を支援していただいた人々とともに喜びたい」という声明を読み上げました。いわば〝勝利宣言〟です。

この「つくる会」の歴史教科書には合格後も「神武天皇の東征伝承」や教育勅語の全文が残りましたが、「韓国併合」や「南京大虐殺」など東北アジアに関する修正後の記述についても韓国や中国から再修正を求める強い声があがっています。そのことに関して、折から進行中だった自民党総裁選候補者の共同記者会見で意見を求められた各候補は、大略つぎのように答えました（四月二三日付、各紙、発言順）。

麻生太郎氏「教科書というものは、国によって見識が違う。アメリカでも南北戦争について北部の教科書は『市民戦争』と書き、南部《デキシー》では『北部の侵略』と書いている。地域や国によって、教科書の記述は変わってくる。今回の文部科学省の検定の結論は正しかったと思う」

橋本龍太郎氏「それぞれの国が歴史を持ち、いろんな考え方があるのは当然。お互いを傷つけないような配慮が必要だ。日本は検定制度をとっており、編纂する方々が自分の思想を盛り込む。日本としてつくったものを大切にするのは当然だ」

亀井静香氏「こういう質問が出ること自体、日本の状況がおかしくなってきている。国が違えば、歴史観も一致するわけがない。それぞれの国の教科書に違いが出るのは当たり前だ」

小泉純一郎氏「日本の検定制度に合格した教科書に対して、中国や韓国が批判するのは自由だが、日本がそれに惑わされることはない」

多少の濃淡の差はありますが、いずれの意見も「自国」の立場を前面に押し出した考え方、つまり〝自国中心史観〟であることに変わりはありません。

日本の教科書なのだから、日本の立場で記述するのは当然だという意見は、一見正当であるように見えます。しかし、日本国憲法前文には次の一節があります。

「われらは、いづれの国家も、自国のことのみに専念して他国を無視してはならないのであって、政治道徳の法則は、普遍的なものであり、この法則に従ふことは、自国の主権を維持し、他国と対等関係に立たうとする各国の責務であると信ずる」

このように憲法は「国際主義」をはっきりとうたっているにもかかわらず、この国の指導的立場にある政治家たちが記者会見の場で、あっさりとこともなげに〝自国中心史観〟を披瀝したところに、国家主義の強まりを感じないわけにはいきません。先ほど見た「つくる会」の〝勝利宣言〟の背後に、こうした政治の流れがあることはまちがいないでしょう。

*

国家主義の流れは、このように近年ますます勢いを強めています。

しかし私は、本書のⅡ、Ⅲ章で考察したように、国家主義はすでに歴史的役割を終えた、と考えています。

たとえば、昨年（二〇〇〇年）一年間に日本から韓国を訪ねた人の数は約二五〇万人に上ります（韓国から日本へは一一〇万人）。また、日本から中国を訪ねた人は二二〇万人です。この数は、今後ますます増えてゆくにちがいありません。韓国や中国、あるいは他のアジア諸国を訪ねて〝強い円〟に満足し、幼い優越感を覚える人も、もちろん中にはいるでしょう。しかしそれよりもずっと多くの人が、その地の人々にじかに触れることで、国は違っても同じ「人間」であることを確認するはずです。日本人の意識は、すでにその程度には開かれていると私は思っています。

人々の交流の広がりとあわせて、国家の枠をこえた国際的な協同・協力が求められる状況も今後ますます強まってゆくはずです。Ⅲ章で述べましたが、地球温暖化をはじめ環境問題は国際的な協力をぬきにしては解決できません。すでに人類は、いわゆる南北問題という恐ろしく困難な状況に直面していますが、この問題も世界的な視野に立つことなしには克服することはできません。

その南北問題とかかわって、南の国々の人口爆発に対し、日本は少子化が急速にすすみつつあります。このままの趨勢がつづけば、今世紀の半ばには人口が半減するという予測さえあります。そうなれば確実に、外国――いわゆる第三世界の国々から大量の労働力を受け入れることになります。この国の中で、外国からやって来てくれた人たちを「隣人」として共に生活することになるのです。

人口半減というと、脅迫的に聞こえます。しかし冷静に考えれば、そういう時代がいずれ訪れることは見えているのです。それなのに、視野狭窄《きょうさく》の〝自国中心史観〟に立った偏狭な国家主義にのめり込むことは、ほとんど自殺的な選択としかいえません。

かつて日本は「アジアに友人を持たぬ不幸」を指摘されたことがあります。「つくる会」の教科書をめぐる政府・与党の対応を見れば、その指摘がいまも生きていることを認めざるを得ません。本格的な「国際化」の時代を迎えたいま、偏狭な国家主義から脱却しない限り、この「不幸」はいよいよ深まってゆくでしょう。

＊

教育は、いわば未来をつくる事業です。教育改革はしたがって、少なくとも二〇年から三〇年後を見通して構想しなくてはなりません。

では、これから二〇〜三〇年後の世界はどう変わっているのでしょうか。確実にいえることは、国際化の広がりと深まりです。世界はすでにインターネット時代に入っています。テクノロジーは後戻りしません。情報とヒトとモノの交流・交易は、かるがると国境を越え、世界中を網の目状に結んでいることでしょう。

そういう時代にあって、なお国家を中心とする考え方、つまり国家主義に固執することがどういう意味をもつのでしょうか。「日本人としての自覚、アイデンティティーを持ちつつ人類に貢献する」（「教育改革国民会議」最終報告）などという文言が、どういう意味を持ち得るのでしょうか。

中曽根元首相は、いま「国家的危機」の打開のために求められているのは「二一世紀の日本の国家像」だと述べ、そのために第一に取り組むべきことは教育基本法の改正だと主張していました。しかしこれは、教育に関しては重要な前提を欠いています。

教育が未来をつくる事業であり、そしてグローバル化が必然の流れであるとすれば、二〇年後、三〇年後の世界に生きる子どもたち・若い世代のありようを考えることなしに、教育改革を論じることはできません。したがって、まず想定すべきなのは、二〇年後、三〇年後の「世界像」なのです。

二〇年、三〇年後の世界はどういう姿になっているのか。その考察に立って、次にその世界の中で諸国家・諸民族と共に生きる国家のあり方、つまり「国家像」を想定すべきなのです。「世界像」に対する考察を抜きにした「国家像」の提示は、独善と時代錯誤《アナクロニズム》に陥る危険をまぬがれません。

くり返しますが、これからの世界は国際化・グローバル化が加速度的にすすむはずです。では、その時代をどう規定するのか。私は「市民の時代」ととらえます。もっと正確にいえば、二一世紀前半は「国民国家の時代」から「市民の時代」への過渡期になると考えます。そしてその過渡期を、日本はヨーロッパ諸国とともに、いわば第一走者としてすすんでゆくことになるでしょう。

そう考えると、これから二〇～三〇年後を見通した教育改革は、「市民の時代」を生きる子どもたち・若い世代を想定した上での教育改革でなくてはなりません。つまり、「市民の時代」を主体的に豊かに生きてゆける「市民」の育成が、二一世紀の教育の指標となるのです。

＊

私が代表をつとめる高文研では『月刊ジュ・パンス』という高校生と高校の先生たちを対象とする小雑誌を発行しています。一九七二年の創刊ですから、この二〇〇一年で満三〇周年を迎えることになります。

この月刊誌に、私は創刊以来コラムを書き続けてきましたが、その通しタイトルを「若い市民のためのパンセ」と変えたのは一九九〇年のことでした。冷戦構造が崩壊し、東欧諸国を「市民革命」の波がおおっていた時です。

「若い市民」とは、もちろん高校生のことです。困難校での先生たちの悪戦苦闘は十分承知しながらも、高校生を「若い市民」と認識しなおすことにより、前近代的な管理主義から脱却し、授業の内容・あり方を変えてゆく道筋がつかめるのではないかと考えた上での、提案を込めたタイトル変更でした。

本書の構想は、そのころからひそかに暖めていたものです。しかし問題が大きすぎるため、私ひとりの力量では容易に全体構成を固めることができず、日々の出版の仕事に追われて一〇年の年月が過ぎました。

しかし近年、先に述べたように国家主義の流れが一挙に強まり、世界史の方向に逆行すると断定せざるを得ない施策が次々と打ち出されてきました。憲法改正を前提に憲法調査会が衆参両院に設置されて活動を開始したのにつづき、教育基本法の改正が「教育改革国民会議」の報告に盛り込まれました。

そうした切迫した状況に追い立てられ、日々の仕事の合間をぬってまとめたのが本書です。

ご覧のように、本書で取り上げた領域は日本の近代教育史から市民の歴史、さらには市民的教養のところでふれた地理、海洋の生態、憲法など、多岐にわたっています。すべて専門研究者の方々の著作を参考に記述したもので、それぞれの箇所にお名前と著作名を記しました。ここに再度お名前は挙げませんが、皆様に深く感謝申し上げます。

このところ教育書の中に、「市民」を新たな教育の指標にすえようとする叙述が、まだ部分的ではありますが、目につくようになりました。本書がそうした潮流を広げ、加速し、

「市民の時代」の教育の構築に役立てられることを、心から願っております。

また本書が、日々の多忙さに追われ、あるいは一方的で強権的な学校運営により、精神的な窒息状態に追い込まれつつある多くの先生たちにとって、しゃがみこんでいた日常から立ち上がり、視線を遠くに投げて明日への見通しを切りひらく一つのきっかけとなり、さらには、「未来をつくる事業」にたずさわる自らの職業的使命について熱い論議を取り戻すための一つの素材を提供し得たとしたら、これにまさる喜びはありません。

お読みいただいた上での率直なご意見・ご感想をお待ちします。

二〇〇一年四月二〇日

梅田　正己

梅田　正己（うめだ・まさき）
出版編集者。1936年、佐賀県唐津市に生まれる。59年、三省堂入社。63年、高校生対象の月刊紙『学生通信』の創刊とともに編集を担当。68年、三省堂新書編集部に移る。72年、仲間とともに高文研（当初の社名は高校生文化研究会）を創立、同年４月より『月刊・考える高校生』（90年に『月刊ジュ・パンス』と改題）を発行。翌73年より『高校生讃歌』はじめ実践記録を中心に単行本を出版、80年代以降、人文・社会問題へと領域を広げる。
85〜86年、「国家秘密法に反対する出版人の会」事務局を、86年以降現在まで「横浜事件（戦前、最大の言論弾圧事件）再審裁判を支援する会」事務局を担当。日本ジャーナリスト会議会員。
著書：『若い市民のためのパンセ』『新編・愛と性の十字路』『新版・考える高校生』
共著書：『高校時代をどう生きるか』『差別と戦争を見る眼』『国家秘密法は何を狙うか』『沖縄修学旅行・第２版』（いずれも高文研刊）

「市民の時代」の教育を求めて
✳「市民的教養」と「市民的徳性」の教育論

●二〇〇一年　五　月一五日――――第一刷発行

著　者／梅田　正己

発行所／株式会社　高文研
東京都千代田区猿楽町二－一－八
三恵ビル（〒一〇一＝〇〇六四）
電話　03＝3295＝3415
振替　00160＝6＝18956
http://www.koubunken.co.jp

組版／高文研電算室

印刷・製本／三省堂印刷株式会社

★万一、乱丁・落丁があったときは、送料当方負担でお取りかえいたします。

ISBN4-87498-256-5　C0037